留学を考え始めた親と子が読む本

平田久子 著

コスモピア

はじめに

この本を手にとってくださり、ありがとうございます。

私は留学推進派です。応援団の一員です。世界に羽ばたいて行きたいと願う若い世代を後押ししたくて仕方がない、という元留学生です。

グローバル化の必要性を訴える声も英語力を求める声もひたすら拡大するばかりなのに、日本人留学生の数は一向に増えない、とぼやく声が聞こえるようになって、随分と時間が経ちました。

とはいえ、日本の社会はそこで止まっていたわけではありません。劇的とは言えなくても、確実に変わりつつあります。大学が「帰国生枠」といった受験制度を設け、海外からの帰国子女に門戸を開いた後、今度は高校が行動を起こし始めました。

近年になって、スーパー・イングリッシュ・ランゲージ・ハイスクール、スーパー・グローバル・ハイスクール、国際バカロレア認定校など、英語力を重要視し、積極的に国際化を計る高校が、次々に誕生しました。さらには、ダブルディプロマ対応校という、国内と海外（提携する相手校の国）両方の卒業証書がもらえるという、真新しいスタイルの高校も設立されました。

学校制度だけでなく、ビジネス界も意識改革を進めています。リスクを恐れず、自分の判断力を頼りに動く人材を確保しなければ、世界との競争から脱落してしまうと深く納得したのです。

これからの時代、留学生の数は増えていくのでしょう。否、増えていくべきでしょう。

留学するのも、子どもを送り出し見守るのも、大変な勇気や度胸が求められます。留学生の子ども、留学生、留学生の親、という三つの立ち位置を経験した私は、留学の今昔を振り返りながら、子どもの留学を考慮する親子にとって参考となる情報をまとめて世に出したい、と考えていました。幸運にもその案が実現し、この著書が完成いたしました。

本書では、一学年もしくはそれ以上に渡る英語圏の高校・大学留学に役立ちそうな情報や体験談を、私の意見とともに紹介いたします。内容がアメリカのものに偏ってしまうことは、アメリカ以外の国への留学を検討される読者の方々にはご不満と存じますが、どうぞ寛大な心でお許しくださりますよう、お願い申し上げます。

「そんなこと知ってるよ」から「えっ、そうだったの？」まで、様々に反応されつつ参考にしていただけましたなら、誠に幸いでございます。

注・近年、留学の形態は多様になりつつありますが、この著書では、行き先をアメリカ、カナダ、イギリス、オーストラリア、ニュージーランドに、対象者を高校生と大学生に絞り、話を進めます。

在学中の学校の留学制度を利用（～1年間）

- 安心感がある
- 地域・学校は選べない

公的な交換留学制度を利用（～1年間）

- 地域・学校は選べない
- 費用は確実におさえられる
- 合格するための試験の競争率は高い

民間の交換留学制度を利用（～1年間）

- 地域・学校は選べたり選べなかったり
- 手厚いサポートが受けられる

私費での留学（何年でも）

- 費用は高め
- 地域も学校も自由に選べる

私に合う学校を
見つけてください
留学サポート
会社に頼る
会社にアシストして
もらう
手続き完了！
イエーイ！
留学に至る
がんばってー！
自力で段取りする
在学中の学校の
留学制度を利用する
直接志望校・交換留学
プログラムに申し込む
上級生の
ママ友パパ友
に相談！
全部自分たちで
やりまーす！

目次

第1章

考える基盤をつくる家庭内の事情

すべては本人のやる気から始まる

あなたの家庭において、留学計画の「初めの一歩」はどのようなものでしたか？　まだ計画以前という段階でしょうか？

留学の計画は、三つのパターンのうちのひとつから始まります。

一、子どもも親も希望していて、実行しようとしている
二、子どもだけが希望していて、親を説得しようとしている
三、親だけが希望していて、子どもを説得しようとしている

一世紀以上にわたっての先人たちの事例を検証すると、「留学で成果をあげるための秘訣は本人のやる気である」との結論に至ります。望まれるのは子どものやる気です。「新しい世界に足を踏み入れたい、苦労を覚悟で挑戦したい」と子どもが熱心に訴えるのならばもちろんのこと、「躊躇していたけれど、行ってみてもいいかなあと考え始めた」というケースでも、湧

き上がる情熱が確かなものであれば、ぜひとも実現させたいではありませんか。

翻って、親だけが熱心という状況は要注意です。もちろん、例外は見てますし、聞いてます。「いやいや送られたけれど、いつの間にか意欲が湧いてきて、様々な試練に立ち向かい成果を出せた」という思い出話とも、いくつも遭遇しました。それらに気がつかない振りはしませんけれど、そう仕向けた親たちを非難することもいたしませんけれど、やはり容易ではないと申します。留学は週七日の二十四時間営業で、歓喜に浸る瞬間もある一方、大小様々難題は雨あられと降ってくるものです。「たかが一年だから」「君の将来のためだから」と諭すことはできても、やり遂げさせる保証はありません。

「いやいや送られたけど、なんとかやり遂げた」との成功物語の裏には、その数十倍といった数の中途脱落者が隠れています。そのようなケースはデータ化されていない以上、数値をあげてご紹介することはできませんが、おびただしい数の傷と涙は、間違いなく存在するのです。

子どもが自発的に留学したいと宣言して、もしくは背中を押されて決意を固めて、そこから家族間で真剣な検討を始める、というのが望ましい道筋なのです。

無論、「頑張るから留学させてくれ」と繰り返すことがやる気の証明ではありません。実際、うわべだけのやる気も根拠のない自信も非常にタチの悪いもので、挫折を生み出す要因そのものです。

留学を決定するまでのプロセスは、考えることだらけです。周囲に相談しなければわからない事柄も多いでしょう。現実的かつ客観的な視点を保ちつつ、慌てることなくリサーチを進め、親子で話し合いながら、留学という世界に足を踏み入れてください。

目的を定める

「留学を通して何を得たいか」という点は、事前にしっかり親子で確認しておく必要があります。目的が定まらないままでの留学は決して実を結ばないものですし、互いの理解を一致させておかないと、後々面倒が起こるものです。

●留学を通して何を得るか　高校留学

一年間　英語の上達と自立心の向上を目的として
二〜三年間　日本の大学の帰国生受験枠の獲得を目的として（卒業する・しない）
三年間　卒業と海外の大学への進学を目的として
三年間　自己の大規模改革　今までの自分をリセットすることを目的として

近年は「高校は海外で、卒業後の九月から日本の大学へ」という選択が容易になりつつあります。今後も選択肢は増えていくと予想されます。

「海外の高校に継続して二年間在学」が、日本の大学を帰国生枠で受験する資格を得る際の最低条件です（※より緩やかな条件をつける大学もある）。その事実を考慮して、「帰国生枠の資格を得るため、二年間留学」という案もあります。

この二年間は、あくまでも高校生という身分に限定され、英語学校で学ぶ期間は含まれません。正規の高校生として二学年をこなしても、英語力が十分でなければ、大学の合格が危ぶまれます。帰国生枠での受験は決してお手軽ではありません。「二年の留学で帰国生枠試験をゲット」と気安く計画しては、後悔することになってしまいます。

四つ目の項目は、家庭環境の不安定さや学校との相性の悪さといった要因で、素行や学業につまずく傾向にある子ども、または不登校に陥った子どもに、形勢挽回の機会を与えるという狙いです。素行についても学業についても自己肯定感についても目も当てられないといったレベルでは難しいものですが、どれもそれなりにあり、本人に強固な意志がみられるのであれば、留学を機に大きく展開することは可能です。

四つ目の項目で留意すべき点は、一年後にもとの学校に復学では、有効性に不安が残るということです。自分自身を大規模にリセットするという行為には結構な年月を要するもので、一学年という期間では、終了時にこそ達成感を得られたとしても、結局は中途半端な結果に留まる危険があるのです。徹底したリセットを希望するのであれば、卒業まで複数年の滞在をすすめます。

●留学を通して何を得るか　大学留学

一年間　在学する大学の留学制度で、英語の上達、単位の取得、自己啓発を目的として
一年間　在学する大学の留学制度以外の方法で、英語の上達、単位の取得、自己啓発を目的として
四年間　卒業を目的として

日本の大学からの留学には、英語学校（独立した機関、または大学に併設したもの）のみに通う、大学に併設された英語学校に通いながら大学本体の授業を受ける、英語学校を修了して大学に移る、最初から大学のカリキュラムに参入する、といったチョイスが提示されます。一般的な高校教育を受けた学生でも、能力次第でいくらでも展開は可能です。

卒業を目的とした大学留学では、「何々を学ぶ」という、はっきりとした目的意識が不可欠です。アメリカやカナダには、専攻が未決定のまま入学できる大学が多々ありますが、「言葉の壁と戦いながら、文化の違いに足を止めながら、自分に合うと思える専攻を探し出し、決定する」というのは容易ではありません。自身の方向性が定まっていてこそ、膨大な宿題と格闘

し続けるための気力や情熱が維持できるのです。
自己のリセットを一緒に目的に据えるのも、この年齢では賢明とは言えません。自己責任が前提の大学生活は（詳しくは114ページを参照）、あらゆる類の誘惑に翻弄されがちで、「何とか過ごしていくうちに、いつか突破口が見つかるだろう」といった程度の心構えでは、困難を乗り越えられないのです。

一年間、何に情熱を傾けることもなくふらふらと過ごしてしまった、といった程度ですめば無害というものですが、卒業が目的であれば、途中での脱落という危険が生まれます。「留学しないほうがましだった」との結果を生まないよう、慎重な判断が望まれます。

費用について

子どもに留学を切り出された親が思い浮かべる最初の言葉は、「費用」です。どんなに留学に前向きな親であっても思わず後ずさってしまうのが、費用の計算ではないでしょうか。

●必要な支出の内訳

学費
渡航費
現地での生活費　ホームステイまたは寮
アパート代（大学生のみ）
留学サポート会社に払う料金（利用するのであれば）
制服代（義務付けている高校のみ）
お小遣い

大学生には、車を持つという選択肢もあります。

左は、私費留学における、国別・学校種別の一年間の費用の目安です。

（データ提供：株式会社トゥモロー
『海外の高校＆大学へ行こう　2019年度版』（アルク地球人ムック）より）

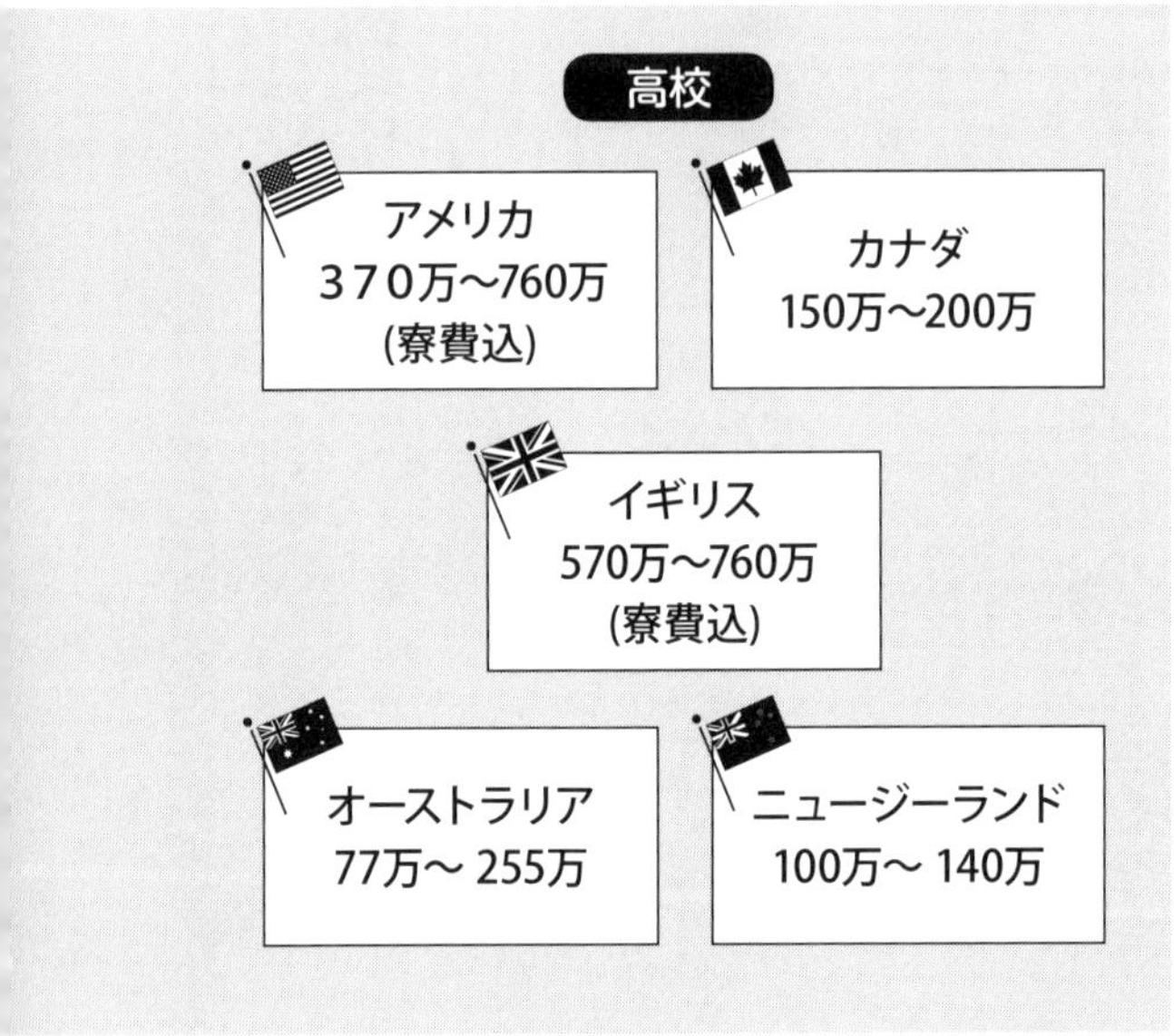

1USドル＝108円　1カナダドル＝86円　1豪ドル＝85円　1NZドル＝78円　1ポンド150円で換算（二〇一八年三月現在）

アメリカとイギリスの金額が高めなのは、私費留学では公立校の入学を認めないせいです（※アメリカにはごくわずかの例外あり）。他の国々では公立校に通うことが可能ですが、現地で税金を払っていない留学生には追加料金が請求されます。

北米の寮制高校は放課後のスポーツを義

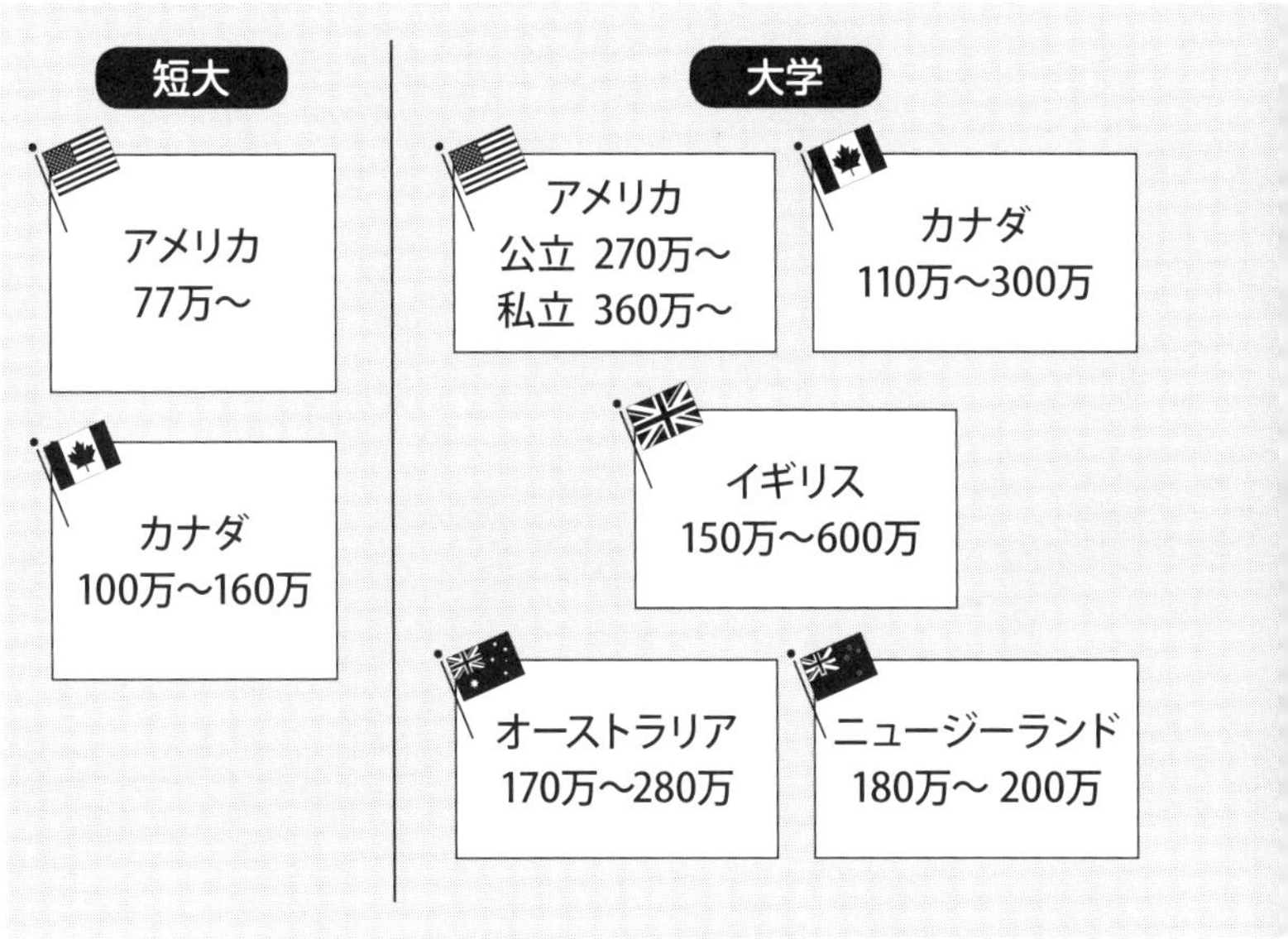

務付けています。そうなると、用具およびそのメインテナンス費用が必要になります（例・テニスシューズを頻繁に買い替える、ラケットのガットを張り替える）。

お小遣いをいくらに設定するかは、なかなか難しいところです。一年の高校留学での出費は、映画やゲームセンターに行く、ファストフード店やカフェで飲み食いする、おやつを買う、ヘアカットする、といったあたりにとどめることは可能です。複数年では、服、靴、鞄などの消耗品を買い足すことは必須ですから、日本円にして月々五千円きっかり、といった単純計算ですむかすまないかは、微妙なところです。

高校生は社交が制限されがちで、出費は抑えやすそうですが、自由が原則の大学生には誘惑も多く、お小遣いのコントロールには注意が必要です。

生活費一般に目を向けると、学費がそうであるように、アメリカとイギリスが最も高額、続いてカナダ、オーストラリア、ニュージーランドといった具合です。同じ国内でも、暮らすのが都市部か小さな町かでも差異が見られます。大学生のアパート代の負担は、居住地の物価やシェアする人数により、差が出ます。生活全般を検証すると、月々十八万から三十万円程度は必要と考えるのがよさそうです。しかしマンハッタンやロンドンといった大都市で暮らすのであれば、この範囲ではおさまりません。

留学サポート会社を利用して留学する際には、彼らに支払う額が加算されます。事前の段取りはもちろんのこと、学校と空港の送迎のほか、現地在住のスタッフにフォローしてもらえるといったオプションが付くのですから（※個々に確認の必要あり）、有意義なお金の掛け方でしょう。

費用を抑えるという策に目を向けると、公的な交換留学制度（※交換留学については、32ページを参照）を利用する、または留学先の国や教育機関から奨学金をもらう、のふたつの選択肢が浮上します。条件や締め切りをクリアするためには、早い時期から調査を始める必要があります。

アメリカ、カナダ、オーストラリア、ニュージーランドの大学では、留学生にアルバイトを条件付きで許可しています。しかし各国とも学生ビザを隠れ蓑にした就労には極めて不寛容なので、アルバイトを希望する留学生は、その土地の法律が定める細かい規定（働ける場所、時間数、学校の出席率など）を全面的に尊重しなければいけません。厳しい制限のせいで稼げる額は限定的ですが、経済的な余裕に欠けがちな学生にとっては、とてもありがたい制度です。

インターネットで検索すれば、留学にかかる経費についてたくさんの情報を得ることができます。似通っているようでばらつきがあるものですから、調べれば調べるほど混乱が起きる、といった事態に陥るのかもしれません。臆することなく、冷静に分析してください。

国を選ぶ

昔も今も、留学先人気ナンバーワンはアメリカです。野球、バスケットボール、映画、音楽などなど、世界を牽引していくイケてる要素いっぱいの国ですから、目につくのは当たり前ですよね。日本で耳にする英語はアメリカ英語がほとんどですから、自ずと親近感が湧くものです。しかし残念なことに、留学の経費のかかり方もナンバーワンという事実があります。

「一見さんお断り」的な姿勢が見え隠れするイギリスを目指すには、個人でやりとりするより、留学サポート会社に頼るほうが賢明そうです。漠然と「イギリスのどこかに行きたい」ではなく、「これこれこういう理由あって、他の国よりイギリスを選びたい」「この大学でこの科目を専攻したい」といった目標を掲げるのが好ましいようです。

両国の学費や治安を考慮すると、親としては微妙な心境です。カナダは少し安心、でもオーストラリアやニュージーランドに目を向けると、もっと安心と考えがちです。でもこれらの国々についての情報は少なめで、飛び抜けてどうこうといったニュースもなく、なんとなく高揚感には欠けています。

留学は学問や社会経験のために行く機会なのですから、高揚感なんぞは無用とも言えます。けれど、「留学は週七日二十四時間営業。「どの国でもいいや」とは言えません。過去に縁があったどうか、意識したことがあったかどうかは別として、留学先として検討を重ねた結果、何か直観的にピンとくるものがあるかどうかは問うべきでしょう。（※最近の留学先の情勢については、巻末資料①150ページ参照）

オーストラリアやニュージーランドの高校は選択科目のオプションが多く、心理学、デザイン、演劇といった教科も取れるといった特性があります。興味をそそられる科目や、もともと得意だった科目を選べば、学業に対してより意欲的になれそうです。

期間だけでなく、出発の時期も考慮の対象です。北米とイギリスは八月末か九月が新学期ですが、オーストリアとニュージーランドは一月末か二月に始まります。どの国においても、語学学校の入校には柔軟性が見られます。

留学生が旅立つのは、概ね三月に日本での学年を終えた後か一学期を終えた七月です。出発までの空いた時間をどう過ごすかをしっかり計画することは、コストパフォーマンスの面においても大いに有効です。

段取りの付け方

留学を考慮する段階において、費用と同じくらい気がかりなのは、段取りの付け方でしょう。

最も単純な方法は、子どもが通う学校に設けられている留学制度を利用することですが、全国どこの学校にもそういう制度があるとは限りません。あったとしても、条件が合わないのであれば、他の方法を探すことになります。

社会がインターネット化されると、学校にまつわる情報収集は一気に簡単になりました。主要都市では、各国の大使館が主催する「留学フェア」も開かれています。とはいえ、膨大な情報を集めたところで、手続きが容易になるわけではありません。そこで活躍するのが、留学サポート会社です。

どこも横並びと捉えられがちな留学サポート会社ですが、細かく調べると、「北米に特化」「イギリスに強いつながりあり」「現地サポートスタッフも日本人」といった、様々な個性や差異があります。高額を支払うだけでなく、子どもの未来を託すのですから、いくつかの会社を訪問して協議を重ね、納得のいくものを選ぶのが賢明です。

●留学サポート会社が請け負う仕事の例（会社によって違いあり）

＊志望校の絞り込み
＊受験の手続き
＊入学の手続き
＊ビザの手続き
＊航空券の購入
＊身元保証人の役割
＊ホームステイ先の段取りや調整
＊最寄りの空港から学校への送迎

＊現地在住のカウンセラーによる留学生向けサポート
＊保護者向けのサポート
＊留学終了後の進路相談

サポート会社を利用しないという選択も可能です。自分で志望校を選び出し、やり取りを行い、手続きをすれば、誰でも転入学が叶います。留学サポート会社を通す、個人で行う、との手続き方法の違いが、受験の合否の判定を左右することはありません。

ただし、アメリカやイギリスなどでは、高校生が個人で申し込めるのは寮制の私立校のみ、という条件を付けています。交換留学の運営団体や留学サポート会社といった、「確たる身元保証人」を持たない未成年は、通い（寮制ではない）の学校からは留学の許可を得られないということです。他の国々では可能かといえば、一概にそうとは言い切れません。「個人で段取るホームステイ」は難しいとご理解ください。

大学入学希望者は大人扱いですので、身元保証人を必要としません。こちらも、サポート会社経由と個人で直接という、ふたつのチョイスがあります。各校の事情によりますが、オーストラリアやニュージランドでは、大学にホームステイの段取りを依頼することも可能です。

復学にまつわる事前準備

どのようなルートでの留学であれ、帰国後にもとの高校・大学に戻りたいという場合には、その確認や手続きを事前にすませておく必要があります。

留学を積極的に推し進める学校がある一方で、そうでない学校もあり、対応する教師や職員の態度にも様々温度差があり、親の心配は募ってしまいます。とはいえ、学校や教師の機嫌を損なっては面倒と及び腰になり、事実確認をなあなあにしてしまっては、無駄な出費になるだけではなく、子どもの将来に良からぬ影響を及ぼしかねません。制度の確認は、周到に行いたいものです。

高校側は、受験に配慮して、「留学するなら高一の夏からの一年間」と提案するのが一般的です。エスカレーター式に大学進学の制度を設けている高校では、高二からでも不安はないのでしょうが、よその大学を受験するつもりなら、高一で留学するのが無難です。大学生は就職活動という大きな目的がありますから、やはりそう遅くない時期に留学を終えておくほうが気が楽でしょう。

帰国後に元の学年に戻してもらえるのか、一学年下に入れられるのかは、各学校のルールに沿って決定されます。無条件に下げられるであれば、子どもも親も迷う余地はありません。しかし、「学校が設ける一定の基準を満たす」といった条件で判定が左右されるとなると、迷いが生じてしまうものです。

この点において優先されるべきは、子どもの将来を見据えた上でベストと思われる結論を導き出すことであり、元の学年に戻ることではありません。「状況次第」「何がなんでも現状維持」「新たに参入する学年でも、有意義な展開はいくらも期待できる」「元の学年に戻ることで、デメリットが生じる可能性もある」などなど、親子や周囲の識者も含めて多面的に話し合い、将来の道筋に対するビジョンを明確にしておくべきでしょう。

交換留学制度を検証する

昔から広く知られている「交換留学」は、高校生を対象に特定の組織が運営する、ボランティアのプログラムです。最も有名な運営組織は、公益財団法人アメリカンフィールドサービス（ＡＦＳ）でしょう。学費も生活費（ホームステイ）も無料という、ボランティアという名目通りの内容です。低予算での留学が可能になるわけですから、選抜試験の合格を目指して、厳しい競争が繰り広げられます。交換と名がつく以上、Ａ国からＢ国にやって来る学生と、Ｂ国からＡ国にやって来る学生は同数、という規定が守られています。期間は一年間です。

私立の高校や大学が学内に交換留学制度を設立するようになると、学生は自分の学校を経由しての留学が可能になりました。相応の額が加算請求されるケースもあるようですが、ツテを持たない学生にとっては大きな朗報です。「見ず知らずの学校ではない」という安心感もありがたいです。

近年になって、留学サポート会社といった民間企業が海外の公立高校や私立高校と提携関係を結び、一年限定・有料（ボランティアの要素はゼロまたは部分的）の「留学枠」なるものを創設させると、それを「交換留学」と名づけ、高校生を送り込み始めました。しかし、この制度では、国同士で同じ数の生徒を留学させ合うとは限りません。交換留学と名乗っているのは、与える滞在ビザが一年限定という、元々の交換留学生用のものであるから、そして送られる留学生は、「感性や経験を他国の人々と交換する」という理由付けだそうです。

つまり現在「交換留学」という用語は、同時に三つの異なるプログラムを指しています。

ひとつ目は、アメリカンフィールドサービスのほか、長きにわたって続いている公的組織が、伝統的な交換制度にのっとって存続させているもの、ふたつ目は提携している学校同士で行うもの、そして三つ目は民間会社がほぼ一方通行で（相手国から日本へ来ることはまずない）ビジネスベースで運営しているものです。

ひとつ目、ふたつ目の選択肢で留学の資格を得た学生は、一年で帰国することが義務付けられています。延長を希望しても、受け入れてはもらえません。

三つ目、いわゆるビジネスベースで一年間留学する場合、その後の延長が叶うか否かは、その運営会社の制度次第、対象となる学校の受け入れ体制次第で決まります。

子どもの留学を考慮するにあたり、最初から延長という選択肢を視野に入れておきたいのであれば、このビザ制度の違いを心得ておきましょう。

留学に向いている子・向いていない子

昔も今も「自分の子は留学に向いているか？」と気になるのは、親として自然な成り行きなのでしょう。必ずあちこちで聞かれます。

「積極的な子」「くよくよしない子」「物怖じしない子」あたりが妥当な答えでしょうか。「成績優秀」と「素行に問題なし」のふたつが追加されていたら、鬼に金棒です。

とはいえ、これらの条件に固執しすぎるのは正しくなさそうです。既に申し上げた通り、留学で成果をあげる秘訣の最大のものは、本人のやる気です。たとえ「消極的な子」「くよくよする子」「物怖じする子」「成績や素行に難ありの子」であっても、本人がそれらの点を自覚して、それでも留学したいと望むのであれば、十分やり遂げられるのです。

いかにも留学で成功しそうな子どもでも、プライドが高過ぎる、世間をナメている、といった感性を持ち合わせているのであれば、そううまくいきそうもないのは明らかでしょう。

品行方正はプラス要素としても、完璧を求めたがる子が海外に出て行くのには、多少の注意が必要です。留学先に到着後の二、三カ月はわからないことだらけで、あり得ないような初歩的なミスや勘違いを頻繁に犯してしまうものです。少々慣れたとしても、母国で母語を使って暮らすようなわけには行かないのが常ですから、完璧主義者がそのような環境に身を置くのは、結構つらそうです。

自分の子どもの特性を客観視することは大切ですが、「留学向き」「留学に不向き」と安直に断じてはよろしくないようです。

不登校の子は留学で成果をあげられるのか

留学をきっかけに、不登校になっていた子が形勢を挽回するという事例は、過去にいくつもあります。不登校の原因にも本人家族の気の持ち方にも差異があり、成功率が高いかどうかはわかりにくいところですが、もし子どもが本当に留学することを望み、達成の可能性が見込めるのならば、ぜひとも送り出してあげたいですね。

●留学が望ましい選択肢になる理由

＊新しい環境に身を置くことで、過去のつらい記憶と距離をとりやすくなる
＊新しい環境に身を置くことで、真っさらな自分をつくりやすくなる
＊新しく人間関係を構築した人々は、過去の自分を知らないから気が楽

そしてもう一点挙げます。

＊留学先の指導者（教師、コーチなど）たちは、常々生徒を褒めて育てようと強く意識している

どの国のどの世代の元留学生たちも、「先生たちは一生懸命褒めてくれた」という記憶を共有しています。

「まったく学業について行けてなかったのに、『さすが日本の学校出身だね、数学が抜群にできる』と評価された」（カナダの高校留学経験者）。

「未経験でラグビー部に入部した、パスもタックルもちっともできないのに、『オマエは走るの速いなあ』と、コーチは感心してくれた」（ニュージーランドの高校留学経験者）。

「学校開催のクッキーコンテストに、クッキーをつくって持っていったら、大人からも生徒からも、大いに褒められた」（アメリカの高校留学経験者）。

ご存じでしょうか。他の主要国と呼ばれる国々に比べ、日本の子どもは自己肯定感が明らかに低いというデータが存在します。自己評価の調査結果ですから、謙遜という要素は考慮しなくてはいけないでしょう。しかし、それを差し引いても、日本の子どもの自己肯定感は低めです。一般的な子どもにとっても、特定のジャンルに突出している子どもにとっても、不幸な事態です。

得てして我が国の教師やコーチたちは、生徒や選手の「できていないこと」を強調しがちで、「できていること」にさほど注意を向けません。欠点をあげつらうことが子どもを伸ばす術と思い込んでいるのではないか、と疑ってしまいたくもあります。

親は親で、欧米の親たちと比較すると、積極的に自分の子を褒めないという傾向が顕著です。他人に自分の子どもを褒められても、素直に受け入ることが苦手なのですね。「しょう君は絵がとても上手ね、ずば抜けて手先が器用ね」「でも国語も算数もてーんでできないのよ」といった具合です。

沈み込む子に「萎縮するな」と命じても、大した効果は望めません。じわじわ拡大していく「どうせ自分はだめなんだ」という意識は、どうやって打ち消せばいいのでしょう。

私個人の留学体験やインターナショナルスクールの保護者としての経験を思い起こすに、往往にして欧米人は褒め上手です。他人の子どもはもちろんのこと、自分の子に対しても、良い点をきちんと伝えます。教育界に身を置く指導者たちは、実にまめまめしく生徒や選手を褒め讃えます。問題点を指摘しなくてはいけないといった状況においても、緊急性がないときには、

「まず褒め、そして注意を促す」の原則を守ります

自己肯定感の低さが理由で不登校に陥った子どもは、長所をはっきりと述べてくれる欧米の指導者につくことで、大いなる成長が期待できます。留学を検討する価値は大いにあります。しかし親の心がどれだけ高まっても、本人が気乗りしないのなら、無理強いは危険です。たとえ本人が意欲を示しても、「海外に出さえすれば、きっとなんとかなる」程度の心構えでしかないのであれば、同じく危険です。多面的に現実を直視して協議を重ね、決断なさってください。

親に課せられる使命とは

平成という時代が終わる頃になると、「○○ファースト」という表現がはやり、政界だったら「有権者ファースト」、スポーツ界なら「アスリートファースト」といった言い方がなされました。対象者に最大限のメリットを供与するとはどのようなことかが、強く問われたのです。

留学生の親の使命は、「留学生ファースト」という立ち位置を貫くことです。

親は費用を負担するものですが、同じように当然のこととして、子どもを支えるという使命があります。ここは難しいところで、どう支えるのが理想かはまったくの主観であり、議論が分かれます。私がおすすめする先人たちの教えは「干渉せず、静かに見守る」です。

インターネットの発達のおかげで、距離感という意識は大きく変化しました。しかし、数千キロ先に住んでいる相手に一瞬で細かい情報の伝達が可能になったという進化は、「親離れしづらい留学生」や「子離れしづらい留学生の親」をエスカレートさせる、という副作用もつくり出してしまいました。留学させるとは、子どもを外の世界に放ち、自力で歩ませるということです。ともに一日を振り返り、子どもの悩みを検証し、解決のためのヒントを提示することを習慣にしてしまっては、いつまで経っても子どもは自力で歩むことができません。現地の感性を取り込むことも難しくなります。子どものほうから頼って来ても、「頼る相手は留学先の教師やカウンセラーであって日本の家族ではない」と方向転換させるのが、留学生ファーストな親がとる行動ではないでしょうか。

子どもは自分の足で歩むと決めたからこそ、留学先へ旅立つのです。「干渉せず、静かに見守る」を実行すると親自身が腹を括るのは、極めて重要な要素です。

談話 1

親は見守るだけでよかったのでしょう

MNさん　女性　東京都出身　東京都在住

息子と娘とふたりの親です。ふたりともアメリカの高校に留学しました。

息子の留学は三年間。寮制の高校を卒業しました。娘は高校を一年間休学してホームステイをして、帰国後に元の学校に戻りました。

夫も私も留学とは無縁でしたので、息子が留学を切り出したときは大いに戸惑いました。とある留学サポート会社に相談して学校選びを始め、段取りから何からすべてやってもらいました。そこの社長さんはユニークで、「やる気がないなら、どうぞおやめなさい」という姿勢を貫く人でした。留学に関して知識が乏しい私でしたが、「やる気が十分でなければつとまらないだろう」とはわかっていましたから、そのような社長さんの態度は肯定的に受け止めていました。

息子は三月に中学を卒業した後すぐに渡米して、同世代の外国人留学生ばかりが集まるプログラムに入りました。日本人は息子だけだったそうです。そのプログラムでは、英語とアメリカ文化の勉強を集中的にさせられました。

六月末からは、すでに入学が決まっていた学校のサマースクールに通い、英語の特訓を続け、九月になって十年生（日本の高一）に転入しました。

親が言うのも憚られるのですが、息子は小学校からずっとそれなり以上の成績をとっていましたので、留学してしばらくの間、自分がもらってくる低い点数に大きなショックを受けている様子でした。「自分で選んだ道なのだから、頑張りなさい」と突き放すべきなのか、もっと同情するほうがいいのか、判断が難しかったですね。留学とはどのようなものかわからない、だから何をどう心配してやればいいのかもわからない。意見も言えない。そんな自分がもどかしかったです。

そのうち息子は英語にも寮生活にも慣れ、落ち着いて留学生活を送りました。親ふたりは卒業式に初めて学校を訪れて、「こんな山奥でひとり苦労していたのか」と知り、感無量でした。

本人はアメリカの大学に進みたかったようでしたが、いろいろ事情もあり、日本の大学に進学させました。現在は会社勤めをしています。会社の制度を利用して、アメリカのどこかのビジネススクールに留学したいという気持ちがあるみたいですが、まだ動き出してはいません。

娘は留学に対してそう積極的ではなく、親が洗脳というか（苦笑）、中学生の頃から短期間のサマープログラムに送ってアメリカ留学の足慣らしをさせて、一年間の留学に送り込みました。

通ったのは、私立のカトリック系の共学校です。ホームステイ先には娘だけでなく、もうひとりドイツ人の女の子がいました。おませなその子に比べて、娘は外見も中身も幼かったのですが、ホストファミリーのパパとママには可愛がってもらえました。

息子とは違い、娘はなかなか図太いというか、凹んでも立ち直りが早かったですね。ところどころストレスを感じてはいましたが、ホームステイ先に大きな不満もなかったし、何とかやり遂げました。私はいろいろわからないままで、娘に対しても何ごとも見守るだけでした。

一年という短い期間でしたが、収穫はたくさんありました。小学校以来同じ学校をエスカレーター式に上がってきて、休学後も戻りましたが、留学を経験して視野が広がったことは明らかです。それまでは当たり前に捉えていた、自分が置かれている環境や学校の良さに気づくこともできました。

ホストファミリーとは、今でも繋がっています。二〇一一年に東日本大震災が起きた際は、あちらから娘に「うちに戻ってきなさい」との連絡が届きました。たとえ実際に行けないとしても、そのような言葉をかけてもらって、とても喜んでいました。

今は外国人が日本で就職するための橋渡しをする会社で働いています。英語を使う機会は結構多いです。

振り返って考えると、留学という親と子が離れて過ごす時間は大変貴重でした。各々、家族の立ち位置やありがたみを理解できました。「留学して良かった」「留学させて良かった」という満足感は、後々になってより実感するものだと思います。

夫も私も留学とは何か最後までろくにわからないままでしたが、結果として過剰な心配も不要な口出しもしなかったわけで、それはそれでプラスに働いたのだろうと納得しています。

第2章

考える基盤をつくる

社会の事情

英語力だけでは不十分

残念なことに、我が国では「英語が堪能イコール未来は明るい」といった思い違いが根付いていて、昔も今も、日本のバイリンガルたちは眉をひそめます。

グローバル化甚だしい今の時代、高い英語力を得ることは望ましいに決まっています。しかし、それだけでは何も生まれはしません。「ふたつの言葉ができる」という事実だけが存在して、それで終わりです。

留学が長期にわたった元留学生たちは、「通訳とか翻訳ができるんですね」と時折尋ねられます。概ね質問者の口調は「それって言わずもがなでしょうが、一応お尋ねします」といったトーンです。しかし答えは否。なぜかと申せば、通訳も翻訳も、しかるべき訓練を経ないことには、プロのレベルの仕事は行えないのですから。「なんちゃって」のレベルであれば、訓練未経験でもできます。けれど、それ以上の実力は望めません。訓練を受けていないというのはそういうことなのです。

何ごとも「日本語力、英語力、一定レベルの知識や技」が合体して、初めて世間に認めてもらえるような活躍が可能になるのです。日英両語に堪能な上で、「翻訳を生業としている」「金融業務ができる」「ダンスが教えられる」というのが、あってしかるべき姿です。

これから留学で高い英語力を身につけようと意気込む若者たちにも、彼らを支える家族の皆さんにも、その点を正しく踏まえた上で留学の計画を練ってもらいたい、というのが先輩たちの助言です。

目指すべき国際人の姿とは

「国際人」、いわゆる「世界に通用する人材」とは、どのような条件を兼ね備えた人物とお考えでしょうか。

日本では、「英語が堪能である」の一言に尽きてしまうという傾向がありますが、それは世界的には賛同を得られないというのが現実です。英語が世界語になりつつあることは否めない事実ですし、その傾向は拡大していくのでしょうが、「英語が堪能イコール国際人」の図式は単純過ぎると、取り下げるべきでしょう。

日本人が国際人と呼ばれるのに必要な条件として、まず次の二点を挙げておきます。

品格のある日本語力・英語力
幅広い一般教養の知識

まず初めに母語ありき、そして英語という順番です。母語は思考の基盤を構築するツールである以上、軽視してしまうと後々の思考の発展を滞らせてしまうという危険が生じます。

英語コンプレックスの日本人は、よどみなくしゃべる人に心を奪われがちですが、英語は発音の良さや話す速度で判断されるものではありません。英語でも日本語でも、求められるのは内容と品性です。

次の二点はこちらです。

自分の専門分野の知識の深さ
日本の歴史と文化に対する一定量の知識

どのような職種に付いていても、「自分は○○でしかない」と卑屈になることなく、責務を真摯に掘り下げ実行していけば、尊敬の念は向こうからやって来るものです。

「国際人勘違いあるある」のトップに輝くと言っても過言ではないのが、日本の歴史と文化の知識の欠落です。海外の文化に興味を持つわりに、自国には無関心を決め込みがちなのは、明治維新以来の日本人の欠点と言われます。「茶道、華道、文芸、伝統芸能、武道、工芸、ひとつも何もわかりません、わかろうとする気もありません」では、外国の知識人に仲間として受け入れてもらうのは難しい、と明言いたします。歴史に関しても同様です。

外国の人と関わっていると日本についての質問を受けることは多く、知らないものはごまかしがききせん。「相手の国については結構詳しいのに、自国の歴史や文化はろくに知らない」では、個人としての評価が下げられてしまうのです。

日本文化の様々な要素をすべて学ぶのは無理というものですが、いくつかのジャンルに絞り込み、知識を深めることは可能です。例えば、「舞台芸能はさっぱりですが、陶芸は少々わかります」といった具合におさめることです。実際、陶芸というひとつのジャンルに興味を持つことで、茶道や伝統的な色使いや和食の美学など、関連のジャンルにもセンサーが働くようになるものです。

最後に一点、先に挙げたものより些細かと思われますが、指摘いたします。

身の回りのことを自分で処理する能力

「洗濯、掃除、料理、皿洗い、何ひとつできません、やりません、する気ありません」ではまずいのではないか、と思います。「自分の身の回りのことと国際的に通用する仕事は別」と言い切ってしまえばそれだけの話で、単なる偏見なのかもしれません。しかし、生活処理能力の極端なまでの欠落は、世界標準的な「大人」の定義づけから大きく外れてしまいます。かけ離れないためには、ほどほどの能力を備えることが望まれます。

発音の差異

普段日本国内で聞こえてくる英語は、「アメリカ英語の標準とみなされるもの」が主流です。「標準」を「ディズニー映画でしゃべられているもの」と言い換えると、わかりやすいでしょうか。テレビのコマーシャルから聞こえてくる英語ネイティブの発音も、この類のものがほとんどです。

「洗練されている」もしくは「お高く止まっている」と評されがちなイギリス英語は、地域によって、個人の社会的背景によって、はっきりと違いがみられます。距離的にほど近いオーストラリアとニュージーランドでも、地域によって明解な違いがあり、このふたつの国をひと括りにしてはいけないとわかります。

アメリカ英語とカナダ英語にも発音の違いが存在しますが、一般的日本人にはまず聞き分けられないといった程度です。アメリカでも、南部やハワイは訛りが強く、標準とは異なる発音の英語が行き交います。アフリカ系の人たちは、彼ら特有のイントネーションでしゃべります。

よそ者（彼らとは肌の色の違う人々）がその真似をしたところで、歓迎されるか眉をひそめられるかは、相手によりけりです。

そのようなわけで、子どもの留学先によって会得する発音が少々異なると心しておく必要があります。アメリカやイギリスの発音に比べ、オーストラリア、ニュージーランドは異質とも評されますが、あまり気にしなくてもよいでしょう。学生でも社会人でも、重要視されるべきは読解力や発信する内容であり、発音は二の次なのです。

日本に帰国以降耳にする英語は、先に挙げたアメリカの標準的なものになります。そのような環境に身を置いていると、良くも悪くも「地ならし」がなされ、異質ととらえがちな発音は矯正されていきます。その現象の是非を問うよりも、社会の流れに沿っていくのがよさそうです。

十八歳の自立

「高校を卒業した時点で一人前」が、多くの国で共有されているルールです。十八歳で自立という考えです。

欧米の大学へ進学する子の大多数は、寮生活を経験します（させられます）。年数は学校によりけり個人によりけりで、四年間ずっと寮で暮らさなければいけないわけではなく、強制の期間を過ぎた後は、学生向けのアパートや家に引っ越すことができます。

寮制度がさほど発達していない南半球の大学でも、学生の多くは親から離れて暮らします。アパートや一軒家を複数の学生でシェアするのが通常のパターンです。

経済的な自立度は親が決定することで、裕福だから楽をさせてもらえるという約束はありません。親からは学費以外出してもらえないという学生は、大学に通いながらアルバイトに精を出します。長期休暇も働きづめにならざるを得ません。生活費を出してもらえる学生であっても、大多数は夏休みを働いて過ごします。

卒業後も実家には戻らず、たとえ就職先が実家の近くであったとしても、独立して暮らします。大学へ進学しない子は十八歳で働き出すことになりますが、やはり家族と離れて暮らすことを選択します。

つまり、高校卒業を機に、子どもは実家から巣立って行くのです。長期休暇のたびに実家に戻ることはあっても、住むという意識は気薄です。

「お子さんたちはおいくつですか?」との質問の答えが「二十四と十九です」なのであれば、その家に子どもは住んでいない、と想像できます。

十八歳を過ぎて自宅に暮らすのがいけなくはないのですが、威張れることではありません。本人や家族にそのつもりがなくても、親に依存し続ける困った子、子どもを離さない困った親、と揶揄されてしまいます。

家を出て行った以上、子どもは自分で物事の判断や選択をしなければいけません。親からもそう期待されます。欧米の映画やテレビドラマを見ていると、若い世代が唐突に結婚相手を紹介しても、「どうして相談がないのだ!」と親きょうだいに叱られることもなく、祝福されるといったシーンがありますね。それはそういった自己責任文化の結果です。

欧米は自己主張を奨励する社会と言われますが、単に自分の意見を述べることを重んじているのではなく、個人が高校卒業と同時に精神的経済的自立の一歩を踏み出せるよう、幼いうちから躾けているのです。

十八歳の自立なんて、日本でも地方出身者にとってはよくあることで、目新しさはありません。ただ、「相談ごとを持ち込まれても、親は助言するだけ」「相談ごとを親に持ち込むけれど、決定は自分が下す」という方針が徹底しているという点は、一般的な日本の感覚とは異なります。

帰国後の就職

留学を検討する際、どうしても気になるのは就職の可能性です。過去には就職の難しさのせいで留学生は大いに苦労を強いられましたし、留学そのものを諦める学生も大勢いました。しかし就職を取り巻く状況は、どんどん変わって来ています。

昨今、海外の高校出身者を受け入れる日本の大学が増えたのは、高校での留学を検討する家族にとってこの上ない朗報です。バランスの取れた語学力という点でも、就職に対する安心感という点においても、「高校を海外で、大学を日本で」という進路は好ましそうです。

バイリンガルの人材の必要性の増加とともに、海外の大学出身者が就職しやすくなりつつあるのも非常にありがたい話です。ひと昔前までの日本社会は、留学生は異端児といった冷遇をしがちでしたが、世の中の変化とともに、着実に考え方を変えています。

アメリカのボストンで始まった、キャリアフォーラムという日本の企業（外資の日本支社も含む）が就職説明会を開催して面接を行うというイベントには、大勢のバイリンガル人材が世界各地から集まります。（※詳しくは148ページを参照）近年では参加企業の数も大幅に増え、アメリカ各地やロンドン、シンガポールといった、ボストン以外の地でも開催されるようになりました。在学中にそれらのイベントに参加することで、帰国後に特定の企業と再会の約束を取り付けることが可能になります。トントン拍子にことが運べば、その場で内定がもらえます。

キャリアフォーラムで決定打となる成果が得られなかった学生は、日本に戻って就職活動を続けます。どんなに早く決定しても、入社時期は八月あたりになるでしょう。それでは新人研修プログラムを受け損ないますが、そのような遅れは難なく取り戻せます。職探しがこじれにこじれ、一年やそれ以上かかってしまうケースもありますが、粘り強く続けることで必ず道は開ける、と経験者たちは語ります。

昔と違い、転職は当たり前という時代になりました。変則的な時期の採用のせいで、たとえ少々不本意な会社で初めの一歩を踏み出すことになったとしても、その後の活躍次第でいくらでも展開は可能です。

二〇一九年四月、経団連は「新卒の一括採用を見直し、通年採用とする」との決定を発表しました。企業による面接や試験を、年に数回行うという大改革です。これから就職事情が一変するかどうかは推測しかねますが、留学生にとって追い風となることは間違いなさそうです。

「ガッツのある若者がいない」「付加価値のついた学生が見つけにくい」「英語を勉強するのではなく、英語で勉強する時代になった」と世間が声をあげる今、語学力と人間力を身につけた留学生は貴重な人材です。これからは留学生が就職しやすくなる時代、と期待してよろしいのではないでしょうか。

海外で就職するという選択肢

「卒業後は海外で働きたい」と夢見る留学生がいます。最近の若者は内向きでけしからん、というこの時代、そのような野望を抱くとは非常に頼もしいです。「うちの子は留学先の国が大好きだから、そこで就職させてもいいと考えています」という親御さんの声を聞くこともあります。

せっかくの意欲に水を差して申し訳ないのですが、ちょっと待った、とストップをかけます。ワーキングホリデーやインターンシップ、もしくは「現地の大学卒業後、○年間の就労可」の制度といった期間限定の就労は別として、正規に海外で働き続けるのはなかなか難しいのです。

どの国にも、「自国民の雇用を守り、失業率を抑える」という大原則があります。いくら外国籍の人が粘り強く申請し続けたとしても、「熱心だから」との理由で就労ビザが発給されることはありません。

考えてみてください。世の中の若者にとって（元若者たちにとっても）、アメリカは魅力に満ちた憧れの国ですね。治安など問題は山積であっても、やはりそうです。その上で、「住みたいから」との理由で就労ビザが受け取れたとしたら、この国の雇用はどうなるのでしょう。

海外での就職は不可能と言い切っているのではありません。新卒でいきなり正規雇用は難しいということです。専門が芸術系であれ情報系であれ金融系であれ、日本以外の国に根付いて働き続けることを目指していても、新卒はまず自国での就労を通して社会の基本を学び、付加価値を身につけるというのがルールです。

就労希望の企業から「この人物は自国民ではないけれど、我が国で就労させてメリットがある人材です」と、現地の移民局を説得してもらうことで、初めて本式な就労ビザ取得の道が開けます。審査の厳しさに差はありますが、どの国にも存在する、国家の基本方針です。

インターナショナルスクールから英語圏の大学に留学した学生たちは、言葉の壁とは無縁です。けれど国籍の壁は別物ですから、卒業後に期間限定の就労を終えた後には、彼らとてまずは帰国して、社会人としての再スタートを切ります。

「自分が行きたい国へ留学する」という目標は、本人の努力や家族の協力次第で実現可能です。しかし、「自分が働きたい国で就労する」ことのハードルは遥かに高いとご理解ください。

談話2

「留学をすすめてくれてありがとう」の言葉が最大の喜び

MYさん　女性　北海道出身　東京都在住

夫婦とも留学経験はありませんが、子どもは留学させたいと思っていました。「高校のうちに一年くらいどう？」と誘いましたが、上の男の子は興味を示さず、結局留学しないまま大学生になりました。現在、下の女の子がニュージーランドのオークランド郊外の公立高校に留学中です。一年だけのつもりでしたが、卒業を目指すことに決め、滞在を延長しました。現在は三年目、あと二週間足らずで卒業します。

都内の私立の中高一貫校に通っていたのですが、中三の秋頃になって「一年間なら」と本人の気持ちが固まって、すぐに動き出しました。留学サポート会社から「四月からスタートできます」と告げられ、私はそれでよいと思ったのですが、娘は復学した後のことなどいろいろと考えた結果、高一の一学期は普通に通い、七月に出発すると決めました。

妹が学生時代にニュージーランドに留学していて、私もそのとき訪問して良い印象を持っていたので、「子どもを留学させるのであれば、ニュージーランドに」と思っていました。娘が他の国を希望したら考え直すつもりでしたが、私の提案に同意したので、行き先はニュージーランドに決めました。

かなり距離が近い母娘でしたので、出発直後は「毎日寂しくて泣いているんじゃないか」と心配しましたが、そんなことはまったくありませんでした。おとなしい子ですが、現地のフレンドリーな雰囲気は肌に合っていたみたいで、「覚えることが多くて楽しい」という気持ちがすぐに生まれ、新しい環境にどんどん馴染んでいきました。

困ることもあったのでしょうが、その後も淡々と暮らしていました。あるとき、「ホームシックになったことも、家に帰りたいと思ったことも、一回もない」と言われました（苦笑）。私はさみしくて大変でしたのに（苦笑）。

留学は一年間の予定でしたが、私は最初から延長を考えていました。一年より長くなると、日本の学校には戻してもらえなくなるので、慎重に考えなければいけないという悩みはありました。留学サポート会社からは、「手続き上の問題が生じては困るので、同じ学校に残りたいのであれば、年内までには決断して欲しい」と告げられました。結局、留学して数カ月で本人が「卒業までここにいたい」と意志を固めたので、この学校に通い続けることにしました。

現在は三年目ですが、ホームステイ先を変えることなく、最初からずっと同じファミリーと暮らしています。お父さんお母さんと息子の三人家族です。とても親切にしてもらっています。多少不満はあるようですけれど、それは仕方ありませんね。最初に到着した頃、この家庭には中国人の留学生の女の子も住んでいて、その子が学校まで一緒に歩いてくれたり、英語がわからなくて困ったことを漢字で書いて説明してくれたり、たくさん助けてもらいました。

学校は韓国、中国、ベトナムなどからの留学生もいるという国際性豊かな環境で、ニュージーランド人だけに囲まれて過ごすと思い込んでいた娘は、「いろいろな国のお友だちができるなんて、思いもよらなかった」と喜んでいました。

日本人留学生もいますが、「英語の上達に差し障りがあってはいけないから、お付き合いはほどほどにしている」と言っていました。

学業に関しては、単位さえ取れればいいと思っていました。あと望んだのは、授業に出席すること、遅刻しないこと、期限内に提出物を出すこと、といった程度です。

留学中は、異性とか薬物といった心配ごとがあると言われますが、正直なところ、主人も私も心配していませんでした。娘は「怒られることはしない」というタイプで、親元を離れたからといって冒険しようとは考えないだろう、という確信がありました。実際、トラブルは経験しませんでした。

「留学という経験を通して、自分に自信を持って欲しい」というのが、親の願いでした。ふたつ違いの兄が、成績が良く運動にも長けていたので、娘はずっと「私は全然大したことないから」というスタンスでいました。ひねくれたり塞ぎ込んだりするような子ではなかったけれど、「親としていろいろ期待するなら、どうぞお兄ちゃんに」という姿勢に甘んじているのはよろしくない、「これは私が一番！」というものを持たせたい、という思いは強かったですね。

生まれつきおとなしい性格で、これからもずっとそうでしょうけれど、「私は家中で一番英語ができる」と誇れるようになった結果、自信が持てるようになり、物事に対して前より積極的になりました。長期の休みで帰国中に、兄の英語の勉強を手助けすることもあって、素直に聞いている兄と、ちょっと誇らしげに教える妹という、後を追う・追わせるという兄妹関係が対等になりつつあるのを見て、親としての目的は達成できたと実感しました。留学に対し決して積極的ではなかった娘の成長がこれだけのものになり、とても嬉しく思いました。

そして何より、卒業を間近に控えた娘が「留学をすすめてくれてありがとう」と感謝してくれたのが、一番嬉しかったです。

卒業後は日本の大学に進ませます。帰国生枠を利用しての受験で七校受けさせましたが、何校かは思い通りにはいきませんでした。本人はちゃんと真面目に高校に通って、それなりのテストスコアもとって、自分なりに満足していたのですが、受験に対する見解がやや甘かったみたいで、もっと成績を上げておけば、との悔いが残りました。私ももっと帰国生枠の受験についてリサーチして、方針を立ててやるべきだったかなと反省したのですが、それは結果論ですよね。もっと親が関わったら本人の成績が上がったかどうか、わからないところですし。

娘が自分から学業について後悔したのは、このときが初めてでした。自発的にそういう感情が持てたのは、とても良いことだと感じました。

大学でやりたいことは決まっているみたいです。将来は、英語を使っての仕事に就きたいそうで、大学在学中には、またどこか違う国へ留学しようと考えているみたいです。今までそうだったように、これからのことも自分で決めて、どんどん進んで行ってもらいたいです。親としてはちょっと寂しい気もしますけど。

第3章

基礎知識

・高校大学共通の話
・高校留学
・大学留学

国別スケジュール

日本

1月	12月	11月	10月	9月	8月	7月	6月	5月	4月

1月：冬休み
8月：夏休み
4月：新年度開始

アメリカ カナダ

●12月中旬～1月上旬
●8月下旬～9月上旬

1月	12月	11月	10月	9月	8月	7月	6月	5月	4月

（7月～4月は網掛け）

1月：冬休み 2～3週間
8月：新年度開始

イギリス

●12月中旬～1月上旬
●8月下旬～9月上旬

1月	12月	11月	10月	9月	8月	7月	6月	5月	4月

（7月～4月は網掛け）

1月：冬休み 2～3週間
8月：新年度開始

オーストラリア ニュージーランド

●1月下旬～2月上旬

1月	12月	11月	10月	9月	8月	7月	6月	5月	4月

（12月～4月は網掛け）

1月：新年度開始

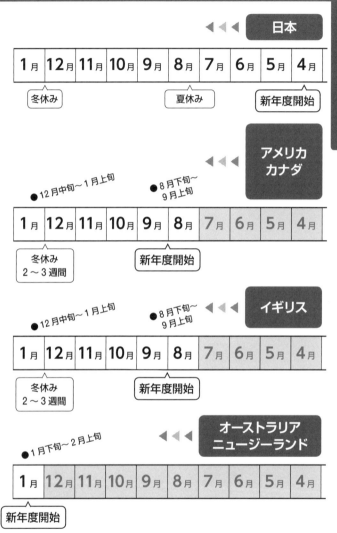

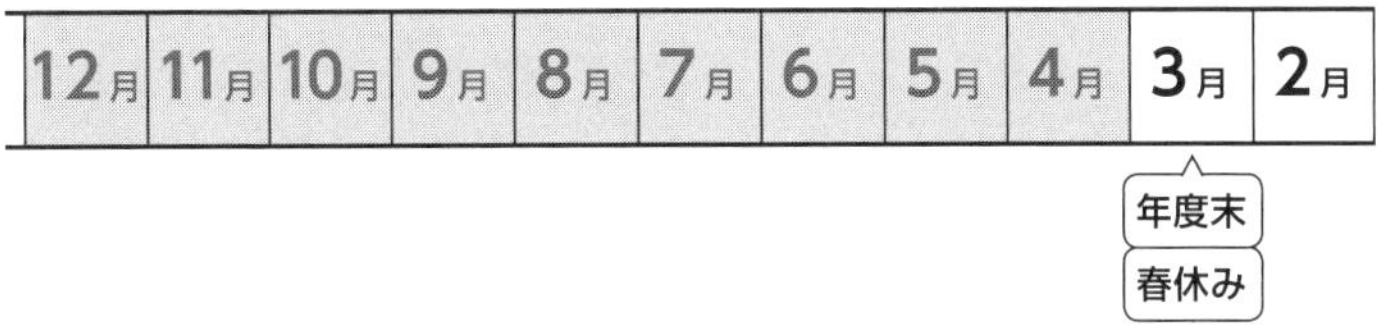
12月 11月 10月 9月 8月 7月 6月 5月 4月 3月 2月
年度末
春休み

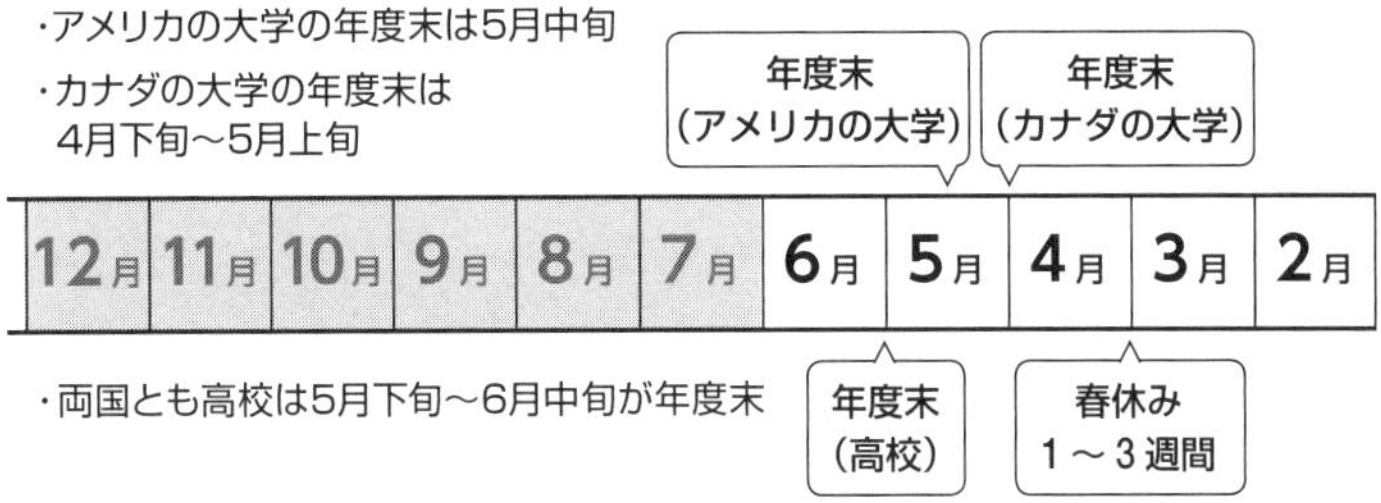
・アメリカの大学の年度末は5月中旬
・カナダの大学の年度末は4月下旬〜5月上旬
年度末（アメリカの大学）
年度末（カナダの大学）
12月 11月 10月 9月 8月 7月 6月 5月 4月 3月 2月
・両国とも高校は5月下旬〜6月中旬が年度末
年度末（高校）
春休み 1〜3週間

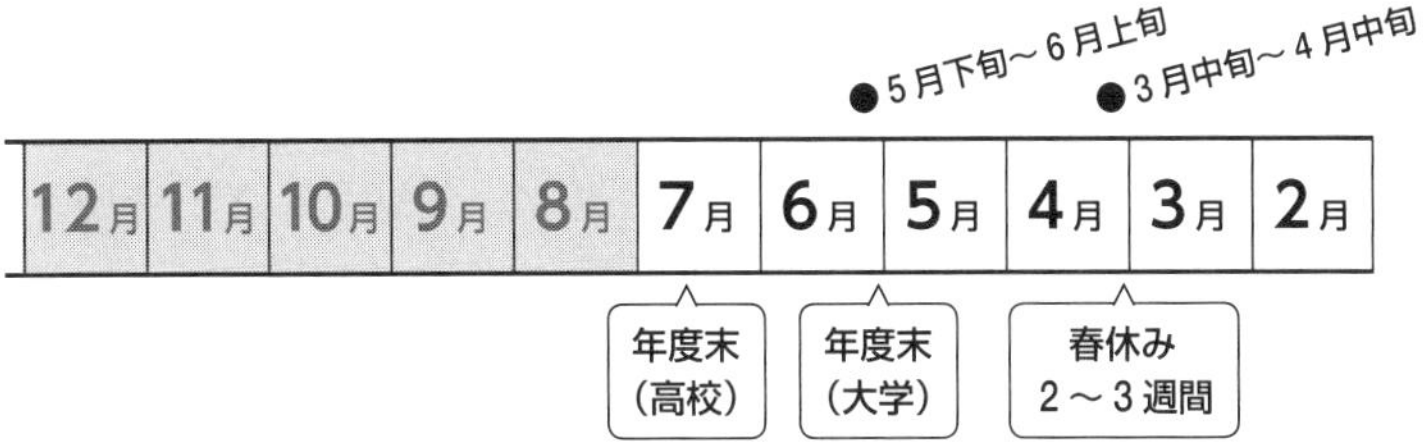
●5月下旬〜6月上旬
●3月中旬〜4月中旬
12月 11月 10月 9月 8月 7月 6月 5月 4月 3月 2月
年度末（高校）
年度末（大学）
春休み 2〜3週間

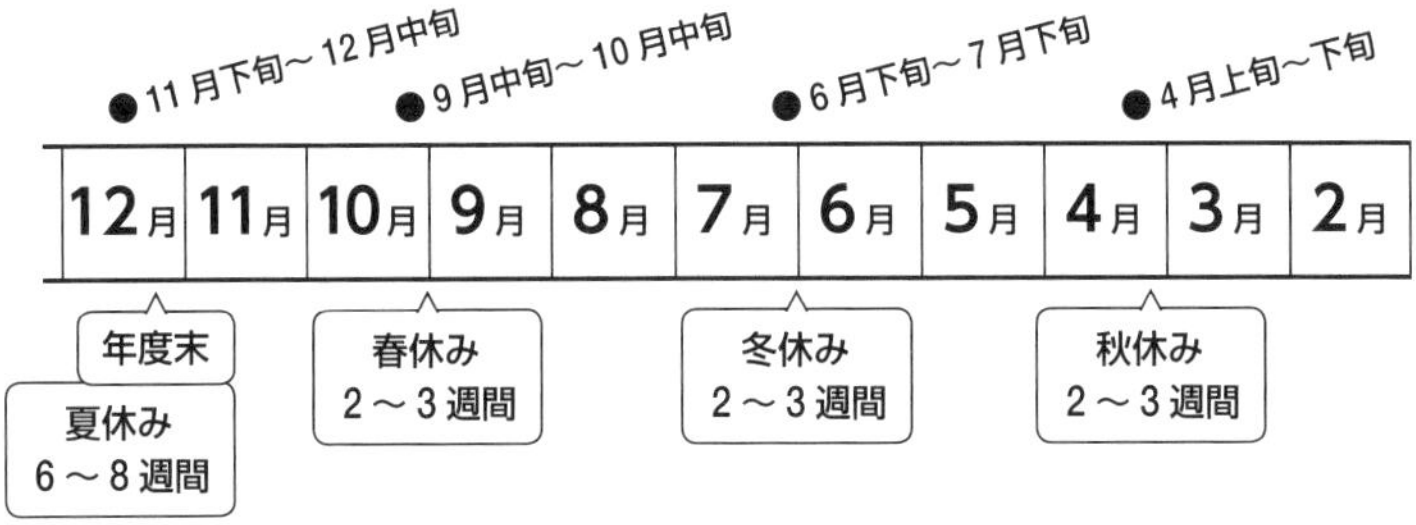
●11月下旬〜12月中旬
●9月中旬〜10月中旬
●6月下旬〜7月下旬
●4月上旬〜下旬
12月 11月 10月 9月 8月 7月 6月 5月 4月 3月 2月
年度末
夏休み 6〜8週間
春休み 2〜3週間
冬休み 2〜3週間
秋休み 2〜3週間

高校大学共通の話

希望する学校に入学するのに必要な共通テストと手続き、学習の量、寮生活とホームステイの違いなど、高校と大学の留学に共通する話題を扱います。

入学の申し込み

アメリカ、カナダ、イギリス、オーストラリア、ニュージーランドの高校と大学に、入学試験なるものは存在しません。留学希望者は、志望校から求められた書類と共通テスト（複数の場合も）のスコアを提出し、合否の判定を待ちます。

必要な書類（すべて英語で記述）は、概ね以下の通りです。

＊願書（作文を含む場合も）
＊在学中の学校が発行する内申書
＊推薦状数通
＊保護者の銀行口座の残高証明（経費をまかなう能力があるとの証明）
＊共通テストのスコア（※詳細は75ページに）

留学サポート会社に頼っているのであれば、彼らに諸々細かい相談を持ち込むことは可能です。しかし、子どもが在学中の学校とのやりとりは、自分たちが担います。

公的な機関を通しての交換留学では、留学枠を得るための試験に合格する必要があります。合格者は、運営機関からの指示を受けて手続きを行います。

晴れて入学が決まると、以下の提出が要求されます。

＊健康診断書
＊予防接種の証明書（留学先から指定されたワクチンを接種）

予防接種は義務という扱いです。打たないままでいても入学を取り消されることはなさそうですが、「受けたとの証明書を提出するまでは登校不可」と通告されることは確実です。不慣れな留学先で接種を行うのは非常に面倒ですし、種類によっては一定の期間を開けて数回という打ち方をしますので、出発前に全部クリアしておくことが望まれます。

健康診断書の未提出も登校禁止処分の対象になるので、要注意です。

共通テストのいろいろ

通常の学校（インターナショナルスクールではないという意味）から留学する場合、英語力を測る目的の共通テスト、ＴＯＥＦＬ（トッフル：Test of English as a Foreign Language）もしくはＩＥＬＴＳ（アイエルツ：International English Language Testing System）を受ける必要があります。前者はアメリカとカナダで、後者はイギリス、オーストラリア、ニュージーランドで一般的です。

一般論として、大学留学を目指すのであれば、ＴＯＥＦＬ（一二〇点満点）は最低でも六〇点は必要と言われています。八〇から九五点得られると志望校の選択肢は飛躍的に拡大、一〇〇点越えなら有名校にも可能性が開けます。これらのスコアをＩＥＬＴＳ（九・〇点満点）に置き換えると、最低ラインは六・〇点、望ましいレベルは六・五から七・〇点、有名校志望では七・五点といったところです。

アメリカの私立高校を志願するならば、ＴＯＥＦＬの他にＳＳＡＴ（エスエスエイティー：Secondary School Admission Test：英語・読解・数学の三科目）のスコアも要求される可能性があります。アメリカの大学（私立・州立とも）への正規入学を目指す場合は、ＳＡＴ（エスエイティー：Scholastic Assessment Test）またはＡＣＴ（エイシーティー：American College Testing）という、英語と複数の科目のテストを受けるよう指示されます。

どのテストも、国内の主要都市で年に数回行われています。事前に試験日を確認して、受験する学校の締め切りに対応しなければいけません。繰り返し受けることは可能です。スコアは、テスト業者から直接志望校に送られるように手続きします。

試験日程ほか、内容や所要時間といった情報は、インターネット上で得られます。公的機関や予備校による説明会も開催されています。

留学は一発勝負の入試がない分、合否判定においてのテストスコアの比重は大きいものですから、スコア向上のための努力は大いに望まれます。近年では、TOEFLやIELTSのスコアを上げるためのテキストだけでなく、オンライン講座や予備校も設けられていますから、様々検討してみてください。

注・共通テストについてのさらにくわしい説明は、一九四ページからの巻末資料②をご覧ください。

膨大な勉強量と向き合う

留学先での学業を語る上で避けて通れないのは、勉強量の多さです。各教科が毎日たっぷり宿題を出すのですから、生徒たちには「宿題に追い立てられる」という感覚が顕著です。定期試験はもちろんのこと、小テストやサプライズのテストが、容赦なく追い打ちをかけます。

A３、A４、B５、といった大判サイズの教科書は、一ページごとの読み応えが半端ではありません。その教科書を毎日十五ページも二十ページも読め、読んで思ったことを書け、と指示されるといった具合です。即興での対応が求められる分、ディスカッションのための予習というのもなかなか厄介です。

三択問題や穴埋め問題がテストに登場するのは日本と同じですが、記述問題の比率の高さは、日本との比較になりません。一例として、高校時代に私が実際に経験した、生物の期末テストの問題をご紹介します。

「あなたはマクドナルドでビッグマックを食べました。口から入った食べ物を蛋白質、脂質、炭水化物に分け、おのおのが肛門から出るまでの全行程を、順序立てて書きなさい」。

これはそのテストの最終問題で、仕上げるのに五十分前後の時間を用意しておくよう指示されました。時間の配分も配点も、全体の約五割を占めました。

欧米やオセアニアには、「塾も予備校もない」と言われます。近年の様々な社会的変化により、そうと断言しきれなくなってきましたが、やはり一般論として、かの国の生徒たちは、塾や予備校というものとは無縁で過ごします。長期の休みに宿題は出されず、学ぶ場は学校のみです。

一発勝負の入学試験がないというのは朗報ではあります。しかしその分、内申書の比重、つまり日々の成果はうんと重くなります。大学への進学を望む生徒には、地道な努力が求められるのです。

「学校は学びの場である」という概念は、大学においてますます強調されます。日本で見られるような、「就活準備機関」といった雰囲気は存在しません。最終学年の最終日まで、出席も提出物もしっかりチェックの上、評価されます。

高校でも大学でも、講義を聞いていても断片的にしかわからない、読んでいても同様、という状況はとても切なく、留学生の心を重く憂鬱にさせるものです。

では救いはどこにあるかというと、先生たちは、質問攻めにされてもとことん対応してくれるという点です。授業直後は難しくても、放課後や空き時間に約束を取り付け、わからない箇所を教わりに行くことは十分可能で、そればかりか、多くの場合、歓迎される行為です。英語力に難があれば講義についていけないのは当たり前、質問し続ける生徒は積極的な努力家という認識を持たれます。教科書を指し、「このあたりはやや重要、こちらのページのここはもっと重要」という程度の助言が受けられれば、焦点を絞り込んでの勉強も難しくなさそうです。

努力は決して裏切りません。必ず実りをもたらします。自身の成長を感じとるのは、留学ならではの喜びです。

サマースクールの注意点

長い夏休みを設ける北米とイギリスの学校制度において、サマースクールで勉強するというオプションは大変有効です。

高校であれば、勉強は午前中だけで終わり、午後と週末はスポーツやアクティビティで経験を積むといったものから、通常の教科の一年分の単位を取ることが可能な真剣なものまで、充実度も期間も費用も多様です。大学では、ほぼ全部のプログラムが学業に集中しています。

英語力アップを求める外国人向けのものではなく、通常の教科を教えるサマースクールでは、英語ネイティブたちも集まります。「正規に私立校に通うことは叶わないから、夏だけ来て普段よりレベルの高い授業を受けたい」から「前年度落としてしまった単位を取り直すため」まで、目的も意欲も人それぞれです。中には、「どうしても取らなければ、秋に大学に入れてもらえない」といった深刻なケースもあります。

非礼と認めつつもここで言及するのは、サマースクールに集う英語ネイティブたちの質についてです。「夏の間にレベルアップしたい」という集団は問題ないのですが、これは実は少数です。多数を占めるのは、「訳あって送り込まれた」という生徒たちで、残念ながら、彼ら彼女らのなかには結構扱いづらい子が含まれているのです。寮生活の規律を理解する気がない子は、規則を甘く見る、集団の和を乱すといった、こちらの平穏を揺るがしかねない事態を起こします。明らかに幼稚な子や情緒不安定な子は、人種差別的な言動も平気でします。

「サマースクールに参加すればひどい目に遭う」と警告しているのではありません。「英語力アップのためにも、ネイティブたちと積極的に関わろう」とする志は大切ですが、無邪気過ぎでいては厄介なことになりかねない、と提言しているだけです。そのあたり、どうぞ誤解のないよう。

サマースクールでの楽しみも厄介ごとも、サマースクールの終了とともに終結するものです。最長でも六週間という期間、「この子だったら仲良くできそう」という子だけと関わって、気乗りしない子とは距離を置けばいいのです。

留学前も最中も、夏に学力をつけておくことは大変重要ですから、サマースクールを避けるようなことは決してせず、前向きな姿勢で取り組んでください。

シーズン制の運動部

英語圏の学校の特性のひとつに、「運動部の活動は季節で切り替わる」というものがあります。小学校から大学まで、この習慣を守ります。一年を通して行うことはありません（※同好会は例外）。

北米の学校に通う男子生徒の一例をあげると「秋はサッカー、冬は水泳、春は野球」といった具合です。雪深い地域にある私立高校や州立・私立大学では、冬の選択肢にスキーやアイスホッケーも含まれます。近隣のスキー場までの往復は学校がバスを用意し、アイスホッケーは自前のリンクで行います。

技術の向上を目的とするのならば、一種類のスポーツを通年でやり続けるのが賢いにちがいありません。しかし欧米の学校は、分散することを好しとします。過度に勝負にこだわることはせず、若者たちの心身の成長を優先するという方針です。

携わるスポーツが変わると、使う筋肉も確実に変わります。実際、これらの国々では「長年名ピッチャーになるという夢だけを追い続けていた少年が、肩を壊して野球はもう無理」といった悲劇は起こりません。

精神面に目を向けると、まず何よりも、生活の単調さから解放されます。スポーツが変わるとは単に活動内容が変わるだけでなく、指導者もチームメイトの編成も変わるわけですから、変化は劇的です。歓迎しづらい変化もあるでしょうが、それも数カ月の我慢です。

どの競技でも突出する子はいるものですが、皆が皆そうではありません。「サッカー部ではスターだったのに、水泳部では補欠と紙一重」「球技は丸きり駄目だけど、走るとすごい」といった多様性と向き合うことで、生徒間で個々の限界や才能を認識する、尊ぶ、との意識が生まれます。

北米、特にアメリカの寮制高校では通年にわたって生徒に運動部の活動を義務付けていて、平日には練習時間が設けられます。きつめの運動は不可という生徒には、ヨガやピラティスといったプログラムが、代わりの選択肢として与えられます。放課後にたっぷり生徒を拘束するのは、運動能力や協調性を高めさせるという目的のほか、余計な誘惑に近づかせないためという意図も含まれています。

大学の運動部に目を向けると、国によって学校によって、規模も実力も熱意も大きく異なります。スポーツの超エリート校は困難としても、そこそこの学校であれば、日本人留学生にも活躍の場は見つけられるでしょう。

留学生にとってスポーツは自己主張しやすい場である一方、体格や基礎体力の差のせいで、予想通りの活躍ができず、悔しい思いをする可能性もあると覚悟しなければいけません。高校も大学も、成績が振るわない選手は試合に出場させないという方針が厳しく守られます。ここも注意しておくべき点です。

ホームステイの心構え

一見するとありがたいこと尽くめに思えるホームステイという制度ですが、相応の覚悟をしないまま生活を始めてしまっては、要らぬストレスが生じてしまいます。

ホームステイでの留学を決定する前に承知しておかなければいけないことの第一条項は、「理想通りのホストファミリーは存在しない」という点です。文化の異なる他人といきなり暮らすのですから、相性ばっちりなんて話はまずあり得ないのです。

ママは親切だけどパパはそうでもない、親たちとも長女ともやって行けるけど、次女は神経にさわる、と言ったぎくしゃく感は生じてしまうものです。室内の温度や食事の塩加減など、気にし出したら限りがありません。

留学生はお客さんではなく、家族として扱われます。その当たり前とも捉えられがちな点が、結構なストレスの発生源になります。

週末の昼間、留学生がひとりで家に残されることになったとします。冷蔵庫のなかの残りものや冷凍のピザを勝手に食べてと指示されるのは、ホームステイ生活ではごく普通の光景です。高校生なのだから、大学生なのだから、オーブンや電子レンジを使えるでしょ、だから勝手に使って食べてくれと、大人扱いしているわけです。しかし、日本人は「ご飯を作って置いてくれないなんて！」とショックを受けます。これは広く知れ渡っている話です。私が留学生だった一九七〇年代後半のアメリカでも、この問題は既に有名でした。

日本の子どもは、食事は出されるもの、掃除はしてもらえるもの、洗濯物は畳んで戻されているもの、と思い込む傾向があり、留学を機に意識を変える覚悟をしていても、実際にはなかなか理解がついていかないのです。

慣れない家庭環境で、慣れない家事仕事で、大いに我慢を強いられたとしても、それらを通して確実に子どもは成長します。

斡旋先に頼めばホームステイ先を変更することも可能ですが、安易に変更を検討することには賛成しません。子どもに「ホストファミリーに恵まれない僕・私って可哀想」といった意識を持たせてしまっては、どこへ移っても幸せになれそうもないだけでなく、学業にも身が入らなくなってしまうのです。

ホストファミリーに対する不満が、常識を逸脱しているといった深刻さでないのであれば、初心を思い出させる、ファミリーと折り合いをつけさせる、うまくいっている点を再認識させるように仕向け、引越しは思い留まらせるのが、親の役目だと思われます。

ホームステイと寮生活を比較する

少々乱暴かもしれませんが、ホームステイ生活は「村での暮らし」、寮生活は「大都会での暮らし」と表現してよいかと思います。

●ホームステイ

三〜六名程度で暮らす

ファミリーの一員として扱われる（家事の分担もある）
家長（の夫婦）が目を配り、相談相手になる
自分の部屋が持てる（たいがいの場合）
外出や行動には、ファミリーの判断や同意が必要なときがある（高校生は特に）
ファミリーが定める規則には柔軟性がある

●寮生活

ひとつ屋根の下に大勢が暮らす
ファミリー的な空気感は欠けがち
寮の責任者（教師もしくは専門の職員：大学の場合は最上級生や大学院生）が目を配り、相談相手になる
ルームシェアが原則（上級生は一人部屋がもらえることも）
規則に触れない範囲においては、自分の判断で何でもできる
規則には柔軟性がない

村（ホームステイ先）での暮らしは平穏で、保護している・されているという意識は高めで

す。そこの空気感に無理なく調和できれば問題なしですが、「受け入れ側の意向に沿わない」「物事のやり方が異なる」といった理由で不協和音が生じてしまうようでは、常時細々とした摩擦が起ってしまいます。規則に柔軟性があるのはありがたいものの、長（ファミリーのパパ・ママ）の一時の感情が入り込んでしまっては一貫性が損なわれ、想定外のトラブルが発生してしまうでしょう。閉鎖的な環境であればこそ、ストレスの発散方法は確保しづらいのかもしれません。

大都会（寮）は何かと騒がしく、落ち着きを欠きがちな一方、刺激や仲間の選択肢も多く、衝突回避やストレス解消の策が容易に見つけられます。目立たないように暮らしたいと思うのであれば、大勢の中に埋もれてしまえばいいだけです。やかましい規則には融通がきかないという側面もありますが、守ってさえいれば、責任者から不満を表されることはありません。

高校留学

まだ、精神的にも肉体的にも、社会生活の上からも、自立しているとは言い難い高校生の留学は、実際にはどのようになっているのでしょうか?

教科の取り方

学問は広く浅くとの通念が浸透している日本の高校は、生徒に多数の教科を取らせます。欧米や英連邦の国々では、高校生が担う教科数は通常、五つか六つというところです（体育は含まない）。七科目というケースもありますが、それだけの量をこなす学力と覚悟を持つ生徒にだけ認められるものです。

教科数が少ないからといって楽をさせるわけではなく、深く掘り下げた勉強を強いるということです。主要教科は能力別に分けられていますし、選択科目も様々取れるので、生徒たちのスケジュールには大きなばらつきがあります。

「高二と高三は、規定のリストのなかから理科をふたつ修得」という規則はよくあるものです。A君は物理と化学をこの順番で、B君は同じ二科目を逆の順番で、苦手な化学を避けたいC君は物理と環境学を、という選び方ができます。ふたつの学年が恣意的に混ざり合ってしまいますが、教師が学年の配分に神経を尖らすことはしません。

外国語の授業は、過去の成績と照らし合わせた上で、実力相応レベルのクラスに所属します。中学でフランス語をみっちり勉強したという生徒であれば、高校の一年目であっても、フランス語IIもしくはIIIに組み込まれます。ずっとフランス語を学んでいた生徒が最終学年になってラテン語を学びたいと望めば、ラテン語Iに送り込まれます。両方のケースとも、クラスメイトは上級生だらけ、下級生だらけですが、そのような事実は重要視されません。能力にふさわしいレベルに所属することが優先されます。

「時間割が七時限目まで設定されている学校で、受けている授業は五つか六つ」というような具合ですから、空き時間が生じます。自習室で過ごすことを義務付ける学校もありますし、生徒の自由に任せる学校もあります。

各自のスケジュールがばらばらである以上、教室の移動は教師ではなく生徒が行います。教師は年間を通して教室を一部屋があてがわれ、一日中そこで過ごします。

留学が一年間限定でも複数年でも、学校は留学生の英語力や基礎学力を考慮して、無理なく勉強できるよう配慮します。提案は過去の経験に基づいての結果でしょうから、よほどの事情がない限りは、学校が提示する案を受け入れるのが妥当です。

卒業を目指す留学生に対し、一年間に取る教科を一科目減らして、学び損ねた科目を学年終了後のサマースクールで取得させる、という提案をする学校は、北米ではよく見られます。日常的に宿題との格闘を強いられる留学生にとってはありがたい負担軽減策ですから、事情が許すのであれば、その方法をおすすめします。

高校での寮暮らし

留学先の国情がどんなに開放的であっても、高校生の寮は規則尽くめです。

まずは何より、「異性の部屋に入ってはいけない」という規則があります。これは絶対中の絶対といったものです。

各寮の一角には「先生のアパート」という居住スペースがあり、責任者の先生が暮らしています。家族持ちであれば、配偶者や子どもも同居しています。寮の規模が大きければ、責任者が階ごとにいる、各階に数人いる、という配慮がなされ、指揮系統が整えられています。配偶者が助手として学校から正式に登録されているケースでは、配偶者も責務を負います。教師とは別途に、寮を率いる責任者を雇う学校もあります。

ハリー・ポッターの小説や映画でも描写されている通り、寮には最高学年から数名の「世話人」が用意されていて、寮内の生徒たちに目を配り、必要に応じて手を差し伸べる、寮の責任者の先生に報告をあげる、といった責務を果たします。

こういった先生や上級生は、単なる監視役ではなく、相談相手という役割も積極的に務めます。頼れる相談相手が同じ屋根の下にいるという制度は、誰にとってもありがたいものです。

概ねどの学校のどの寮でも、起床時間は特に決められてはおらず、朝ご飯を食べる食べないは各自の自由です。前もってダイニングホールから持ち帰ったりんごやロールパンを朝ご飯代わりにするのもありです。昼食も自由参加ですが、この年代はとかくお腹がすくものですから、男子も女子も毎日がっつりという感じです。

夕食の風景は、学校ごと曜日ごとに異なるというケースも見られます。いくつか例を挙げてみましょう。

＊月曜日から木曜日までは、改まった服装をする

改まった服装で通学している生徒には、普段と変わらない風景です。カジュアルな服装での通学を許している学校では、生徒に改まった服装（チノパン、スカート、襟のあるシャツ、ジャケット、ネクタイ、革靴）をさせ、日頃欠けがちな緊張感を持たせます。服装がラフ過ぎる生徒には、注意勧告がなされます。

＊特定の（月・火限定といった）平日の夜には、改まった服装で、決められた席に座る

週単位や月単位で決められた席に座らせることで、縁のない生徒同士を繋げよう、気乗りしない同士を近づけよう、という学校側の試みです。各テーブルに教師も同席します。この類の夕食に限っては授業と同じ扱いで、出欠がチェックされます。

平日でも指示がない夜は、週末同様、ラフな服装でご飯が食べられます。先に挙げたようなルールを設けない学校もあります。

夕食後は自習時間が設けられています。五日制の学校では日曜日から木曜日まで、六日制（一部の私立高）では日曜日から金曜日まで、九十分から百二十分の自習時間があり、生徒は自室で静かに勉強することが義務付けられます。成績が芳しくない生徒は決められた部屋に集められる、という制度もあります。

自習時間がない夜は、各自門限の時間まで自由に過ごすことが許されます。外出の選択肢は、近隣のファストフード店や映画館、ショッピングモール、といったところです。学校が用意するミニバンなどに乗って移動します。学校内に留まるのであれば、講堂で行われる映画やミニコンサートに行く、体育館でスポーツをする、自室や仲間の部屋でくつろぐ、といったあたりです。ラウンジまでという条件で、異性の寮を訪れることも可能です。

各寮には洗濯機と乾燥機が取り付けられていて、生徒は空き時間を見つけて（ほぼだいたい週末）洗濯物を片付けます。学校によっては、ランドリーサービスの業者に洗濯物を託すというオプションもありますが、指定の曜日に出す、持ち物すべてに名前をつけるといった手間もかかる上、紛失のリスクもあり、自分で行うほうが楽という見方もあります。

夜の最終点呼（チェックインと呼ばれる）の時間は、曜日により学年により違いがありますが、寮の責任者によって、毎晩しっかり行われます。時間厳守は徹底されており、生徒は理屈抜きに従わなくてはいけません。所在が確認されない生徒がいることが判明すると、学校は瞬時に捜索を始めます。

消灯、文字通り「灯を消す」という規則は、学校により厳しさが異なります。時間の使い方がそう上手ではない下級生にはうるさく、上級生は自己責任といった、学年で差をつける学校もあるようです。ルームメイトと折り合いをつけることも大切です、消灯後、深夜まで廊下に座り込んで勉強を続ける、といった光景も見られます。

週末に友人・知人宅に外泊する際は、招待する側とされる側の双方の親（大人）から学校の事務局に、メールで要請をします。日曜日は自習時間開始前に戻るという規則は極めて重要で、遅れる際は事前に許可を得る必要があります。よほどの理由がない限り、週末以外の外泊は許されません。

生徒たちにとって規則は疎ましい締め付け以外の何物でもないのですが、そういった締め付けは保護という役目を果たしてくれます。非常にありがたいものです。

大枠 寮の暮らし・ホームステイの暮らし

●寮の暮らし（月－金）

時刻	平日	土曜日
7:00	朝食	
8:00	授業	朝食
12:00	昼食	昼食
13:00		運動部の試合が行われることが多い（ホームまたはアウェイ）
15:30	スポーツ・アクティビティ	
17:30	夕食	夕食
18:30	アクティビティ	
19:30		ダンスパーティー・コンサート・講演会などが時折開催される（参加は任意）
20:00	自習時間	
22:00	チェックイン 消灯	チェックイン 消灯
24:00		

●五日制の学校では金曜夜はフリータイム

●六日制の学校では金曜夜にも自習時間が設けられる 土曜日の授業は8:00-11:30程度

●国によっては、土曜日より平日夕方に試合を行うことが多い

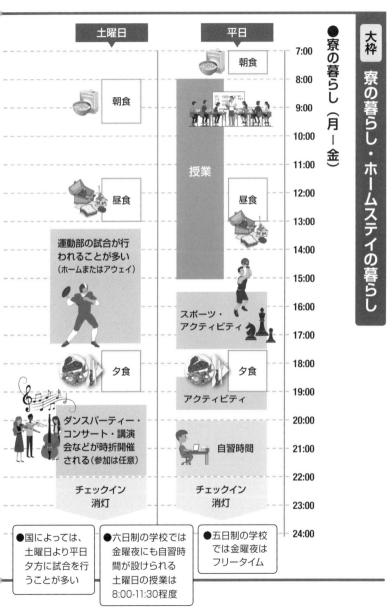

●ホームステイの暮らし

●土曜日午後に運動部の試合が行われることが多い

寮制の学校に集まる生徒たちの内訳

寮制の学校に集う生徒は、その国の出身者とよそ者とで構成されているというのは、誰にもおわかりの事実でしょう。とはいえ、その内訳は「地元のネイティブとすべてに不慣れな外国人の二種類」といった単純なものではありません。どの国でも様子は似通ったものと想像しますが、ここではアメリカの高校を例にとってご説明いたします。

一口にアメリカ人といっても、以下のように分けられます。

＊学校から車で数時間以内に自宅がある生徒

頻繁に週末を自宅で過ごせる、といった気軽さが望めるケース。

＊学校から車で半日以上、または飛行機移動といった、遠距離に自宅がある生徒

特定の学校へ通いたい、自宅のある地域から離れてみたいといったこだわりがある、もしくは自分が暮らす地域に寮制学校がないから遠くから来たというケース。

＊アメリカ五十州以外に自宅がある生徒
アメリカ準州・自治領（例・グアム、プエルトリコ）の出身、もしくはアメリカ以外の国に自宅があるというケース（親の転勤といった、一時的なものも含む）。

＊自宅通学の生徒
移動時間が三十分以内といった条件付きで、自宅から通うケース。

外国籍に目を向けると、以下のようにグループ分けされます。

＊アメリカに馴染んでいる生徒
親の仕事などでアメリカに暮らしている、または暮らした経験があり、言葉にも順応性にも問題がないケース。

＊英語力に困らない生徒
家庭で英語をしゃべっている、もしくは海外のインターナショナルスクール出身といったケース。

＊英語にも社会にも順応していない生徒

言葉も順応性も十分ではない、というケース。

私が在籍していた時期の母校には、留学生は少数でした。一方、サウジアラビアで生まれ育ったアメリカ人（親の仕事は石油関係）、カリブ海の島々出身の先住民族やオランダ人やイギリス人（植民地と宗主国という関係）、母親の祖国であるアメリカにやって来たイギリス人など、単に「英語ネイティブ」「黒人」「白人」だけでは区分けできない多様性が見られました。

トルコ人留学生にトルコ語で話しかけるアメリカ人がいて、アラビア人と冗談を言い合うアメリカ人もいて、オランダ語で内緒話をするカリブ出身者がいる、といった環境にいた一般のアメリカ人生徒たちは、「他の言語が堪能でいいなあ」と、自分たちの単一性を嘆いていたものでした。

そういう集合体の面白さは、寮制の学校のみで経験できるものです。

英連邦の国々の高校では、制服着用が一般的

グループプロジェクトは積極性が勝負！

先生と一緒の食事は、ワクワクだったり緊張だったり

私服の高校生は概ねこんな感じ

寮制高校をすすめる最大の理由

ここまでこの本をお読みの方々は、「どうもこの著者は寮制の高校をすすめたがっている」とお察しかと思います。申し訳ないのですが、その通りと告白いたします。決してホームステイ制度に物申すつもりはありませんが、自分自身も子どもたちも寮制高校の出身ゆえ、つい身びいきをしてしまうのです。

せいぜい二十人足らずといったクラスサイズも魅力的ですが、寮制高校をおすすめする最大の理由は「教師の質」です。

他の章でも触れている通り、寮での生活は気ぜわしいものです。身体を張ってのけんかは滅多に起こりませんが（即停学です）、壮絶な口げんかは日常茶飯事ですし、派閥抗争や異文化同士の衝突（肌の色の違いも含む）普通にあり、プチ窃盗事件たまにあり、薬物や飲酒事件稀にあり、といった超カラフルな寮の日常に睨みを効かせ、揉めごとの仲裁や後始末を請け負うのは、生徒とともに寮に住む教師たちです。自らそういう環境に身を置くとは誠にあっぱれと、心より敬服いたします。

単に「通いの学校に勤めるよりお給料が良いから」という条件だけは、決して持続できないでしょう。大勢の他人の子、しかも思春期世代の子の面倒を見続けることがどれほど大変なことのか、想像もつきません。

寮制の学校に向いていない子どもがいるように、寮制の学校に向いていない教師というのもいます。そういう人物は自発的に辞めてくれますから、面倒は最小限です。向いている教師たちのみが残ります。

「日常を丸々教育に捧げる」といった強靭な意志を貫く教育者で占められているのが、寮制の学校です。もし事情が許されるようなら、そういった気質の教師が集まる学校を、検討なさってみてはいかがでしょうか。

寮生と自宅生

既にお気づきと存じますが、本書では「全寮制」というフレーズを使っていません。全寮制は生徒全員が寮で暮らしているという位置付けですが、寮付きの学校の全部がそうではないのです。イギリスには全寮制が多いようですが、他の国々の学校では、寮に暮らす生徒と通いの生徒が混ざって在籍するケースがほとんどです。

「寮生と自宅生の間には、深い川が流れている」とも言われます。決して頻繁に口にされはしないけれど、そういう認識は誰しも持っている、というところでしょうか。

アメリカでの例を挙げて、この件を検証してみましょう。

寮生は寮の部屋で寝起きし、寮のラウンジでくつろぎ、三度の食事を食堂でとります。自宅生は昼食のみを学校で食べ、空き時間は自宅生専用のラウンジで過ごし、夕食前に帰路につきます。運動部の試合や特別なイベントに参加するため、土曜日に登校することはありますが、用がなければ、週末に学校に来ることはありません。

運転免許を持っている自宅生は（※アメリカはほとんどの州で十六歳で取得可能）、親に頼らず自分で運転して通学します。寮生は車の所持が禁止されています。トラブル回避という名目があり、自宅生が運転する車に寮生が同乗する際は許可が必要、自宅生の車を寮生が運転する許可は下りない、というのが通常ルールです。

三十八度程度の熱を出したとします。当然のこととして、自宅生は親の看護を受け、回復まで自宅で過ごします。寮生は医務室に行き看護師の診察を受け、薬をもらい、自室で静養します。ダイニングホール（食堂）を行き来する元気があれば、ふらつきながら行き、食事にありつきます。そうでない場合は、手持ちのクッキーなどを口にするか、友人に頼んで果物やパンを運んでもらいます。ダイニングホールに行く体力が回復するまで、これが栄養補給のスタイルです。

その他諸々を家族に依存できるのが自宅生、生活全般のすべてを自力でこなすのが寮生、という差異があります。

このような違いがあるゆえ、寮生と自宅生というふたつのグループは、たとえ国籍や言語を共有していても、互いを「同志」とは認識しきれないといった空気感を察知し合うのです（敵対ではありません）。まったくの全寮制ではなく、寮に属さない通いの生徒が存在する限り、「寮生vs自宅生」という隔たりは、完全には払拭できないようです。

海外の高校卒業後の選択肢

海外で高校生活を過ごし、卒業証書を手にした日本人留学生の大学進学には、三つの選択肢があります。

一、日本の大学の「帰国生枠」の試験を受け、入学する
二、今までの留学先の国にとどまり、大学に入学する
三、日本でも今までの留学先の国でもない国に移り、大学に入学する

二十世紀の終わり頃になると、国際化を強く意識するようになった日本の大学は、積極的に海外の高校出身者枠を設けるようになりました。それまでの選択肢といえば、国際基督教大学

と上智大学の二校程度でしたので、現状とは雲泥の差があったと、おわかりいただけるでしょう。

一口に海外といっても、アメリカ、カナダ、イギリスの学制では初夏が卒業シーズン、オーストラリアとニュージーランドは十一月末や十二月初旬に卒業を迎えるという違いがありま す。ひとつの外国から他の外国へ移って勉強しようと試みる際にも、日本に帰国するにも、これらの違いを把握しておく必要があります。

新年度を待つ間に数カ月空いてしまっても、その期間を有効利用することで、より充実した留学生活が見込めるはずです。

大学留学

すでに大人の仲間入りをしていると見なされる大学生。自立と責任は表裏一体。勉強に生活に、人間力が鍛えられ試されます。

大学の基本構造を比較する

「海外の大学で学士号を取るためには、秋に始まり初夏に終わる学年を四年間過ごす」と思い込まれている方は多いと思います。しかし実際は、国によって様々な違いがあります。

アメリカとカナダの大学生活は、秋に始まり初夏に終わる四年間です。専攻を決定しないままでの受験を許す大学は多く、世間も「十七歳、十八歳では、自分が何を専攻したいかわからなくても仕方ない」といった寛容さを見せます。最初の二年間は主に一般教養の授業に費やしますので、学生はその間に専攻を決め、大学に通告します。音楽系や美術系（建築も含む）などは例外で、受験時に希望の学部に直接願書を提出しなければ合格できません。作品の提出も要求されます。

一度決めた専攻の変更を許す大学も多々あり、希望する学生は関係者と相談の上、転部届を提出します。理系から文系といった大きな移動には周到な準備が必要で、卒業に向けて一、二学期余計に過ごさなければならないケースも生まれますが、狭い範囲（例・化学から生物学）の移動では、四年で修められる可能性は十分あります。

転校も珍しいことではありません。入学金を払い直すなど費用はかさみますが、前の学校での単位を認めてもらうことは難しくないので、「相性が良くなかった」「もっと上を目指したい」といった理由での転校は、ごく普通に行われます。ジュニアカレッジ、コミュニティカレッジと呼ばれる短期大学から四年制大学に編入する、というルートも確立されています。

イギリスの大学は北米のものと暦はほぼ同じですが、申し込みを行う時点で専攻を指定しなければいけません。期間は三年間です。カリキュラムが短く編成されているわけではなく、高校の最終学年が大学一年に相当するという数え方がされています。日本の一般的な高校から留学を希望する場合は、現地の大学進学準備校（Foundation Course）で一年間過ごすのが、最もポピュラーかつ現実的なルートです。

オーストラリアとニュージーランドの新学期は一月末から二月、学年末は十一月末から十二月中旬です。英連邦に所属する両国ではイギリスの進学スタイルが守られていて、日本の高校から留学するのであれば、先立って大学進学準備コースを習得することが要求されます。その後の学習期間は三年間で、申し込む時点で専攻を指定しなければいけないという条件も同じです。

大学の寮の仕組み

北米やイギリスの四年制大学に通う学生には、寮かアパート暮らしという選択肢が与えられます。大概は「一年目は寮で暮らすこと」という規則が設けられていて、二年目以降の方針は各大学で異なります。これらの国々と比べ、オーストラリアやニュージランドには寮を設けている大学は少なく、アパートやシェアハウスで暮らすのが一般的です。

留学生は寮のほうが語学の向上のため留学先に溶け込むために有利という認識が持たれていますが、実際にその通りです。四年という長い年月を過ごすのであっても、早々にアパートに引っ越すより、二、三年は寮に留まるのが望ましいでしょう。四年間丸々寮で暮らすのも可能なはずです。

寮に食堂がついているというケースはあまりなく、別棟の建物へ歩いて行きます。食費の払い方に、複数の選択肢を設けている学校もあります。そのような学校に通うのであれば、学年が始まる前に、与えられた選択肢から希望のものを選んで大学に知らせ（例・毎月六十食）、しかるべき金額を振り込みます。

北米に見られる、コミュニティカレッジまたはジュニアカレッジと呼ばれる短期大学には、カフェテリアがある程度で、寮はありません。アパートやシェアハウスに間借りして、バスや自分の運転する車で通います。

高校と違い、大学の寮では規則が少なく、教職員が一緒に住むこともありません。寮長以下、数名のまとめ役はいますが、全員学生（大学院生も含む）です。彼ら・彼女らはボランティアではなく、大学から手当てを受けています。

大学の寮には、門限も点呼もありません。無断で外泊することも可能です。干渉されないことはありがたいですが、行方が確認できないといった事態に陥ったときに、周囲にその事実をすぐ気づいてもらえるかどうか、という心配は存在します。

自己責任という大学生活

日本でそうであるように、どの国でも、「授業の登録をし損なった」「著しい成績不振に陥った」「授業の出席率が大幅に下がった」といった学生に対し、大学が一所懸命にフォローすることはありません。各大学には留学生アドバイザーが必ずいて、アシストが必要な学生に手助けをしてはくれますが、アドバイザーから積極的に働きかけてもらえるとの期待は甘過ぎです。

大学の寮で暮らすのはアパートで暮らすことと似たようなもので、自室に戻るのが深夜三時であろうと、外泊したままであろうと、異性や同性と親密な時間を過ごそうと、寮も大学も関知しないという姿勢です。飲酒についても、うるさく言い立てません。自由を謳歌できる一方で、保護する・されるという意識はないに等しいでしょう。

ホームステイでは手厚い対応をしてもらえるかというと、少々疑わしいところです。大学生は十八歳を超えている以上、ホストファミリーには監督するという意識も意欲も薄めです。「今週末にボーイフレンドとふたりきりで小旅行をするらしいけれど、ご存じですか、お許しになられましたか」といった連絡は、まず来ないと考えるのが妥当でしょう。様々なトラブルの発生時においても、ファミリーが直接の原因を作っていない限り、責任を問うことはできません。

「高校留学は本人が幼な過ぎて心配」という声はよく聞かれますが、同様に気に掛けるべきは、「大学留学は自由が多過ぎて不安」という面です。

卒業を目指しての大学留学を形勢挽回の機会に結びつけたくない理由

ここでは、「卒業を目指して」に限定してお話しをいたします。

高校留学の目的として、生き方の大幅リセットを含めましたが、大学留学を機会にそうするとの計画は、おすすめしません。根拠となるのは、以下の二点です。

一、高校に比べ、大学での勉強量はさらに膨大であること
二、高校に比べ、大学での暮らしには遥かに厳しい自律性が求められること

「海外の大学には入学できたとしても、居続けることも卒業することも難しい」と昔から言われますが、まったくもってその通りです。一般的に日本の大学に通う学生にはサークル活動やアルバイトに打ち込むような余裕もあり、最後の一年などは学業より就職活動で忙しくなります。しかし海外の大学は、一年生の初日から最終学年の最終日まで、過酷とも呼べる量の勉強を強い続けます。

語学的アドバンテージを持たない日本人学生は、どこかの大学に付随した、もしくは独立系の英語学校で、留学の第一歩を踏み出します。英語力が大学入学に相応しいレベルに到達して初めて、大学に正規入学の申し込みを行い、合格した大学に通うという道筋をたどります。

自律の習慣を身に付けていないまま、何を学ぶかを定めないまま、「そんな自分をリセットする」という目的で留学した学生には、この「下積み」とも呼べる語学習得の時代が、最大の難所として立ちはだかります。

英語学校で机を並べるのは、世界中から集まった留学生たちです。ネイティブはいません。そして、誰しも自国民同士でつるみたがるという習性を持っていますから、付き合いは狭くなってしまいがちです。非ネイティブ同士で英語を使っての交流では、英語に慣れるという点において効果は期待できますが、飛躍的な向上は少々難しそうです。

大学付属の英語学校では、寮でネイティブと同室になる可能性はあります。しかし、そうなれたとしても、ルームメイトに勉強を助けてもらえるといった期待は無理というものです。通常、大学生は誰も自分のことでいっぱいいっぱいですし、ネイティブだからとの理由で、彼らに留学生の勉強や暮らしの問題を助ける義理はないのです。

留学生の受け入れを前提としたホームステイでの事情は少々違い、ちょっとした程度であれば、英語の手助けをしてはもらえそうです。しかし十八歳以上は自己責任が前提の大人扱いですから、しつけるといった行為はまずされません。学校をさぼっていようと、ネットで何時間遊んでいようと、ファミリーが厳しく注意することはないでしょう。

アパートで暮らしながら英語学校に通う生活になると、ネイティブとの接触時間はうんと限定されてしまいます。アパートを日本人同士でシェアすれば、英語を使う時間はさらに減ってしまいます。落ちこぼれてしまっても、誰も助けてはくれません。頼れるのは自分だけです。

こうした環境において、自分を律しつつ英語を習得し続けることは、もともと自律性に問題がない子であっても非常に難しいのです。英語の特訓プログラムにとどまり続け、学位に結びつく勉強はほとんどしないまま帰国した留学生は、過去にいくらも存在しましたし、現在もなお生み出されてされています。

学内を二十四時間守る警備員

郊外型のキャンパスでも都市型のキャンパスでも、学生にとっての不安要因は、暗くなった後の安全です。どこも大学には「キャンパスセキュリティ」と呼ばれる警備員が配備され、二十四時間体制で敷地内の治安を守っています。

午後八時や九時に終わる授業もあれば、二十四時間オープンの図書館もあり、寮には門限も非居住者の立ち入り制限もない以上、夜のキャンパスの風景は実に様々です。しかし、広大な敷地（中には数百万坪といったものも）や高層の建築を誇る大学では、夜間に人の動きがあったとして、たかが知れています。学内全域を常時くまなく煌々と照らすにはいかないわけで、各所に闇が生じます。パーキングタワーなどの建物では、車と車の間や柱の裏といった箇所が、危険ゾーンとみなされます。

学生は誰でも、二十四時間いつでも電話でキャンパスセキュリティ呼び、「学内の施設間の移動のエスコート」の依頼ができます。学校外に住んでいる学生は、教室のある建物から駐車場まで連れて行ってもらう、自分の車が駐車場を出て行くまで見守ってもらう、といったサービスを依頼します。到着まで待たされることがあるにはありますが、筋肉隆々のおにいさんやおじさんがエスコートしてくれるのは、何とも心強い限りです。

キャンパスが広大だと
気持ちもゆったり

緊張が解き放たれるひととき

先生は教壇に立ってばかりでは
ありません

シェハウスで暮らすには、
家事もシェアが前提

学生レベルでも
なかなかの見応
えです

談話 3

「留学は通過点」――元留学生が手がける納得できる留学のすすめ

須山明恵さん
株式会社ICCコンサルタンツ取締役

Q. ご自身のバックグランドをご紹介ください。

A. 大学まで日本の学校で教育を受けました。大学在学中に、学内の交換留学制度を利用して、一年間オーストラリアの大学に留学しました。大学での専攻は文学部文化学科という、言語より文化がメインの学科でした。留学先はアジア研究が強い大学だったので、アジア研究とか女性学といった、社会学系の勉強をしました。寮生活も経験しました。国籍もばらばらな男女一緒の寮で最初は戸惑いましたが、問題が起こることもなく楽しく過ごしました。

卒業後は半導体を扱う国内のメーカーに就職して、東京のオフィスで海外のお客様を対象に営業をしていました。その会社で五年ほど過ごして、現在の職場、留学サポート会社に移って二十年になります。その間、結婚してふたりの子どもを産みましたが、家庭の協力や会社の理解もあって、仕事を続けています。

Q. なぜ、留学を扱う会社を転職先に選ばれたのですか?

A. 半導体を扱っていたときは、企業さん相手でしたので、自分のやっている仕事が実際にどういうふうに還元されているかが、非常にわかりづらかったんですね。加えて当時営業は男性優位な職場で、女性として長く働いていくことを考えたときに、モデルケースになる先輩も非常に少なく、将来的な展望が見えにくかったのです。自分がやったことが直接お客様に反映して喜んでもらえる仕事がしたいという思いがあって、現在の職場に転職しました。

きっかけは英字新聞の求人欄でした。たまたまなんですけど、オーストラリアの高校を扱うというポジションを募集していて、条件の最後に「オーストラリア留学経験者、尚可」とあって、「あ、これじゃない？」とピンと来て、面接に行ったら採用されました。実はもう一社検討した留学サポート会社がありましたが、そこはアメリカに強いので、ちょっと違うかなと思い止まりました。

Q.　御社のスタッフは、前職がＰＲ会社勤務とかブライダルコンサルタントとか、多様な社会経験をお持ちですね。

A.　うちの会社は採用にあたり、留学または海外在住経験や就労経験を条件として必ずあげています。私は一年の留学ですけれど、七年、八年海外にいたというスタッフもいます。

現在は、新卒採用は一切していません。過去に社会人としていろいろ経験をしていることは、この仕事では非常に重要なのです。新卒で入社して、「業務として留学のお世話をやっています、でも外の世界はまったく知らないんです」では、お客様が困っていらっしゃるとき、怒っていらっしゃるとき、不安がっていらっしゃるときに、どうしてなのか、どう対応すればいいか、まったくわかりようがないのです。

留学で人生が終わってしまうわけではないのです。その後にどう繋げていくか、道しるべ的に、お客様の留学後を見据えて、「私の経験から言うと」との切り口から、「このようなルートを進むと、こういうふうに転換できるかも」「こういう科目を勉強すると、後々こういうふうに活かせるかも」といった助言ができることは、コンサルタントとして不可欠です。

Q. ご自身が元留学生であったことはもちろん、母親であることは強みでしょうね？

A. 二児の母親であることは、仕事にとって大きな強みだと思います。

入社して高校留学を担当していた当時は、まだ未婚でした。その頃はどちらかというと、学生さんの目線に近かったですね。「親ってわかってくれないよね」という共感が強かったのに、結婚して子どもを持つとだんだん変わってきて、「とはいえ、親ってこう考えるものよ」とお子さんに指南したり、「とはいってもお母さん、高校生のとき、そこまでわかってました？　私はわかっていませんでしたけど」と諭してみたりと、中立的な位置に立てるようになりました。お子さんの希望を尊重しつつ、お父さんお母さんの顔も立てつつ、「プロとして留学を考える上で、この点は理解しておいてもらいたい」という点は念を押す、といったアプローチですね。

留学サポートは、自分のライフステージが変わるにつれて引き出しが増える仕事だな、と感じます。

Q.　ご自分のお子さんたちを留学させようと思っていらっしゃいますか？

A.　こういう仕事をしていると、自分の子どもを留学させようと計画していると勘違いされますが、私から仕向けることはしません。中学生の上の子に「サマースクールに行ってみる？」といった程度の投げかけはしますけれど、行く行かないは本人次第です。本人が希望すれば素晴らしい経験になるでしょうけれど、やる気がなければただつらいだけですから。

Q.　お客様はどのような準備を経て、初回の面談にみえるのですか？

A. いろいろですね。今はインターネットが普及しているので、情報を得ようと思えばいくらも得られます。おみえになる時点で、「いつからと決めています」「国も決めてあります」「学校はこのへんがいいと思っています」など、ある程度方針が固まっている方がいらっしゃる一方で、「何から始めたらいいのでしょうか」「どうやったら留学できるんですか」とか、なかには親子で決心がついてない方もいらっしゃいます。

どのようなスタートでも、手続きの不安、留学中の不安、帰国後の不安と、心配ごとは皆さん本当にたくさんあって、私どもの仕事は不安の解消というのが大きいですね。

Q. このお仕事は、口コミの力が強い業種ですね？

A. 「友人のお子さんから聞いて」といった口コミでおみえになるお客様はすごく多くて、「調べていたら、偶然、誰々さんのお子さんがこちらだったみたいで」と後から繋がるパターンもあります。あえて口コミでの繋がりを重視しようと気にしてはいませんけれど、やはりお客様に評価していただけるのは嬉しいです。無理な背伸びをして中途半端な結果を出しては評判に関わりますから、身の丈に合った、誠実な仕事をしようと常に意識しています。

Q. 留学コンサルタントという業務において、ご自身がしっかり守りたいことは、どのようなものですか？

A. 留学を通してどんな自分になりたいか、何を頑張るかなど、納得いく選択肢になっているかを、お客様と一緒に考えるようにしています。留学は、ただの通過点のひとつにしか過ぎません。イベントとしてはすごく大きいことなので、決断するには勇気がいるのですけど、だからといってそこで人生が終わってしまうわけではないですよね。その後どうしたいのか、経験をどう繋げて行きたいのか、という視点を本人が持たないと、留学中にどう過ごして何を達成するかを、見失ってしまいます。そうなると、つらくなったときにやめたくて仕方ないだけになってしまいます。

どんなにつらい局面を迎えても、「でも、自分で頑張ろうと決心してここに来たんだよなあ」と思い直せるように、事前にきちんと覚悟してもらって送り出して差しあげよう、と心がけています。

第4章

不安要素

あえてダークサイドに触れる

留学は良いこと尽くめではないと承知しながら子どもを送り込むことは、親として非常に複雑な心境です。「頑張って乗り越えなさい」ですむ問題ならばありがたい経験というものですが、すべて首尾よくいくとの保証はありません。誘惑も危険も完全に回避できるわけではなく、出逢う人全員が善人だなんてことも無理。親にとっても留学生本人にとっても、安全は大いに気を揉む要因です。

心配ごと

1 飲酒
2 薬物
3 いじめ
4 異性・同性
5 武器

落胆させるのは忍びないのですが、どの国のどの学校にも、武器がらみ以外のすべての問題が存在します。もちろん、程度に違いはあります。けれど「この地域は健全、安全にちがいない」「伝統と格式のある超有名校は例外でしょう」などと決めつけることはしないほうがいいでしょう。

「ではどうやって身を守ればいいのだろう」と、頭を抱えてしまいますよね。この章では、右に挙げた五点について、ひとつひとつ検証します。

飲酒のトラブル

悪さをするのは若者ばかりではありませんが、アルコールに対する若者の知恵の働かせぶりには、いつの時代も目をみはるものがあります。それを制圧しようとする高校の努力にも、一定の秩序を持たせようと試みる大学の努力にも、並々ならぬものが感じられます。

高校生の飲酒は全面禁止ですから（※一部の欧州諸国では認可されているが、保護者同伴という制限が付く）飲もうと試みる生徒は「教職員とかくれんぼ」を余儀なくされます。罰則の厳しさは学校によって多少異なりますが、甘くみてはいけません。初犯から停学といった罰が下されますし、飲酒を繰り返せば、ゆくゆくは退学処分が待っています。

年齢制限に引っかかる学生とそうでない学生が混在している大学の取り締まりは、遥かに緩やかです。「寮の自室で飲むのは可、廊下やラウンジのような公共の場では不可」といった細かいルールは作るものの、広い学内を日々監視できるわけはなく、「これだけうるさく言ったから、面倒を起こさずに飲んでくれ」といった本音をちらつかせる程度です。とはいえ、罰則がないわけではありません。目に余る迷惑行為を行えば、相応の罰が下されます。

大学生は車の運転も許されているので、飲酒運転という問題も浮上します。国によって地域によって、血液中のアルコールレベルの許容度は異なりますし、「同乗者が運転中の車内で飲むのは禁止」という法律を設けている地域もありますから、勝手な判断は禁物です。留置場行きの上略式起訴といった悲劇は、過去にいくらも起こっています。

「東洋人は西洋人より酒に弱い」と心得るのがよいでしょう。周囲と同じペースで楽しく飲んでいるのに、自分ひとりだけが前後不覚になってしまうという危険は、間違いなく存在します。

相手を酔わせた上で何かしら悪さを実行するという輩は、どこの国にもいるものです。楽しい思い出づくりにも、一片の警戒心は不可欠です。

薬物について

薬物使用の状況は、国によって地域によって時代によって変わるものです。完全に撲滅される見通しはなく、各国とも「どう折り合いをつけるか」「どう事故を防ぐか」といった課題と取り組み続けています。

まことに残念ではありますが、「どの学校にも薬物使用は存在する」と心得ておくのが妥当です。世界に轟く超有名校でもそうです。どう罰則を厳格化したところで、誰かしらが薬物を持ち込んで売り、買った誰かが使用するのです。

ホストファミリーは薬物と無縁が大原則ですから、ホームステイ先で薬物と遭遇する機会はほぼないと考えてよいでしょう。昼間の学校は大人の目が多く、薬物の使用ははばかられますが、高校の講堂や体育館を利用してのダンスパーティーや、運動部の試合といった気分が高揚する機会には、誰かが薬物を持ち込む可能性が生まれます。

寮がある高校や大学では、各自の部屋のみならず、夜間や週末に人の行き来がなくなる校舎の裏手やキャンパスの一角といった、隠れることが可能な場所で薬物が使用されます。先に挙げたダンスパーティーも要注意の場です。

アパートやシェアハウスの暮らしには、「処罰を下す権威」といった人物は存在しません。誘惑から自分を守るのは、自分のなかにある自律の精神です。

安堵できる点をひとつあげると、「しつこく無理強いされることはない」という傾向があるということです。高校・大学といった世代は、「他人と同じことをしないと仲間外れにされるかも」と思い込みがちですが、薬物の使用においてはそうとも限らないようです。

ただしそれは、誘われたほうがＮＯというメッセージを発することによって拒否できるわけであり、誘いに乗ったのでは、元も子もありません。

時は経ち、アメリカやカナダでは大麻の合法化が進んでいます。けれど「いつでも誰でも自由にどうぞ」ではなく、あくまで年齢制限や校則遵守といった壁があるので、守らなかった生徒には相応の罰が下されます。

日本の法律は「日本人の海外での大麻の所持」を禁じる、違反者は処罰する、と明言しています。つまり、日本人はどの国に滞在中でも大麻はＮＧ、他の薬物においても、所持も使用も処罰の対象になります。警察沙汰を起こし、留学先の日本領事館や大使館に通報された暁には、逮捕という可能性も浮上します。

薬物は案外高価で、先立つものがなければ買えません。「やたらとお金を与えられている子は、そうでない子より誘惑に陥りやすい」と心得ましょう。

「断じてＮＯと言う」「現場に近づかない」の二点を心に留めておいて実践することで、誰しも薬物と距離を置き続けられます。この決意は、言葉の壁とは無関係です。

どこにでもいじめはある

残念ながら、「いじめのない社会はない」と明言いたします。「個人主義が徹底している社会でもそうですか？」と落胆されてしまうのかもしれませんが、自身の留学時代や多国籍の集団のなかで二児を育てた経験を振り返っても、そのような結論に至りました。欧米においては「出る杭は打たれる」的ないじめは稀少とも言えますが、嫉妬や「うざい」といった感情は世界共通で、いじめに結び付いてしまうものです。

高校生・大学生という、ただでさえ感情の抑制が難しい年代、親の離婚は大きな負担となるとはおわかりでしょう。日本でもいくらも見られるケースです。より一層頭が痛いのは、親の再婚です。「新しい母・父の登場」だけでも十分憂鬱なのに、「新しいきょうだい」なんて副産物が一緒について来てしまっては、困惑が怒りに転化してもおかしくありませんね。

昔も今も、「親の再婚をきっかけに、寮制の高校に入学・転入を強要された」という子どもは後を断ちません。「君の将来のためだから」とはぐらかす親がいる一方、「新しい家族とは時間をかけて馴染むのがベストだから、まず君は遠くの学校へ行ってくれ」と正直に通告する親もいます。

家庭内の不協和音は、「産んでおきながら育てるのには無関心」「他のきょうだいをえこひいきする」「子育てより仕事が大事」といった親の態度でも生じます。

自宅で鬱積した生活を強いられた子が高校や大学で寮に入ると、自由を得た反動で、コントロール不能に陥りがちです。ひとりで馬鹿げた行動をして発散してくれればよいのですが、いじめという行為に発展すると、なかなか厄介です。

過酷な忍耐を強いられていても、いじめと無縁でいる子は必ずいます。反対に、親が愛情豊かに育てても、過剰な愛情のせいで歪んだ子、一向に周囲の空気が読めないといった気質の子であれば、周りに疎んぜられてしまい、その反発で荒れてしまうというケースも世界共通です。

どの国のどの学校も、「どこにでもいじめはある」というスタンスで、発覚の際は容赦なく対応に向けて動き始めます。高校にも大学にも、ナースも留学生カウンセラーも必ずいますから、いじめの気配を察知し始めた際は、そのような専門家に打ち明けることで、解決への第一歩が踏み出せます。

異性・同性トラブル

留学先での心配ごとのなかでも親が特に気を揉むのは、恋愛ではないでしょうか。法律や校則に背くといった後ろめたさはないわけですから、たとえ親が恋愛禁止を厳命しても、守られるかどうかは疑わしいところです。

留学生特有の「高揚感と開放感と寂しさのごった混ぜ」といった感情を抱いての暮らしは、それまでと大きく違います。穏やかな恋愛であれば良いとしても、トラブルに発展してしまってはいけません。

日本でも外国でも、服装やヘアスタイルは自己アピールのツールです。留学生が「せっかく親から離れたのだし、日本では許してもらえない格好をしちゃおう」程度の気持ちであっても、挑発的な格好をしてばかりでは、周囲から「軽いやつ」と勘違いされます。

高校の寮といった規則尽くめの環境でも、それらの規則を守ることで安全が約束されるわけで、違反者（例・異性の部屋に忍び込む）がひどい目に遭ったと訴え出ても、学校は同情してくれません。誘いを受け入れてしまったのであれば、反省を促されます。

大学生は、街のバーといった盛り場に出入りするのも自由です。社交の輪の広がりは無限大とも言えるでしょう。出会ったばかりの新しい友だちに、今から一緒にどこかへ行こう、自分の家で飲み直そう、と誘われる機会もありそうです。

繰り返しますが、「言葉ができない」と「拒否できない」は、まったくの別物です。よろしくない予感や明らかな危険を察知した際は、すぐさま身を守るための手を打たなければいけない、そうでないとひどく後悔することになるのだと、よくよく理解しておかなければいけません。

昔と比べて厄介なのは、同性から誘惑される可能性が増えたという傾向です。同性だからとて気を許していてはいけない、と心がけるべきです。

武器が身近に存在する社会

データが表す数値を比較して、「A国（州）よりB国（州）のほうが治安がいい」と言い切ることは容易ですが、安全において百パーセントはないという事実は否めず、留学希望者にとっても、子どもの留学を検討する親にとっても、ひどく頭の痛いところです。

日本人に人気の留学先の国々には、一定の数の銃が出回っています。そして時折、公共の場で乱射事件が起こります。

狩猟が盛んな山奥でもない限り、ライフルを目にすることはありません。護身用の小型ピストルも、自室の鍵付きの引き出しや車のダッシュボードなどに隠し持つものです。大学において、学生が銃を所持しているというのは気持ちの良いものではありませんが、それは日本人の勝手な理論でしょう。

インターネットの発達のおかげで、警察から危険を告知された学校が学生に通告する速度は、驚くほど早まりました。「銃を持った不審者が○○（住所）近辺に潜伏したもよう、全学生・

教職員は最寄りの建物に入り、ドアを施錠の上待機」といった告知が、一斉メールとして流れます。警戒が解除となれば、同様に一斉メールで解除の告知がなされます。

学校内でもショッピングモールといった施設でも、危険から身を守る指令は「外へ逃げろ」と「屋内に留まれ」のふたつに分かれます。アナウンスがわかろうとわかるまいと、周囲の人々と同じ行動をとればいいのです。

留学している大学生にアルバイトを許可している国はあり、それはそれでありがたいことですが、校内ではなく街中で働くのであれば、治安という問題を意識する必要はあります。突きつけられたのが本物の銃ではなく、モデルガンやスタンガンであったとしたらましというものですが、それは後々に判明することであり、リアルタイムで気づくものではありません。

銃の所持率が高い地域に長年住んでいても銃トラブルと無縁で暮らす人がいる一方、所持率が低い地域に一瞬立ち寄っただけで銃トラブルに巻き込まれるといった運の悪い人もいるわけで、治安に対する不安は払拭しづらいものです。

ナイフの所持は告発されにくいものです。小型ナイフには実用性がある以上、学校側に厳しい規制を期待することは難しそうです。

どの世代にも、「ちょい悪」といったキャラに憧れる、真似したくなる、といった傾向は見られます。しかし、銃が出回っている国においては、危険の度合いが異なります。「海外のちょい悪を甘く見てはいけない」との戒めは不可欠です。

談話 4

言葉の壁がなくても留学の苦労は同じ

KRさん　男性　東京都出身　東京都在住

幼稚園から高校までインターナショナルスクールに通い、大学はイギリスで学びました。イギリスを選んだのは、兄の影響です。三歳上の兄がバース大学（University of Bath）で数学を専攻していて、僕も同じ大学の同じ学科に進みました。

インターナショナルスクールでは、国際バカロレアのコースを取りました。入学申し込みの際にその成績を送ったところ、イギリスの高校の最終学年のカリキュラムに相当すると認定されたので、在籍したのは三年間でした（※イギリスの大学の期間に詳しくは112ページを参照）。

日本でしゃべっていたのはアメリカ英語でしたから、入学したばかりの頃は、聞こえてくるイギリス英語がわかりづらくて驚きました。北部の訛りは特にすごくて、何を言われているのかさっぱりわかりませんでした。

イギリスの教育制度は他とは結構違っていて、十六歳で進路を決めます。それから高校を卒業する期間までは、選んだエリアを集中的に勉強するそうです。

僕が大学で一緒に過ごしたのは、十六歳で数学の道に進もうと決めた学生たちでしたから、入学当初は、数学の学力に明らかな差がありました。入ってすぐの授業での、「これは高校で習っただろうけど、もう一回やってみようね」といった問題でも、僕のようなよそから来た学生は、一生懸命取り組まないと解けないような状況でした。

大学によっていろいろ違いはあるのでしょうけれど、十六歳で進路を決めるという規則は全国共通だから、外国から来た学生にとって、イギリス人の学生たちと一緒に勉強するのは結構大変でしょう。

学校の雰囲気や言葉に慣れるのに、半年くらいかかった気がします。一年目は寮生活を送っていたので、情報収集に困りませんでした。良い友だちもたくさんできたし、寮生活はありがたかったです。

一年目は寮生活、二年目からは学校外というのがイギリスの大学生のよくあるパターンです。僕も二年目からは、何人かの友人たちと、学生向けの一軒家を借りて暮らしました。公共のバスがありましたが、自転車で通学しました。

日本の大学に通ったら、サークル活動やアルバイトで楽しく過ごせたと思います。けれど、やはりイギリスへ行ったのは有意義でした。留学では何よりも自立が要求されます。自分で行動を起こすことも、自分だけの判断で物事を決めることも、とても大切な経験です。視野が広がった、大勢の人との出会いがあった、ということもそうですが、親元を離れ、自立して暮らしたことが、今の自分の役に立っていると思います。

イギリス人は自分の世界観というものがはっきりしているせいなのか、排他的とも言われますが、確かにそういう感じはあって、ユーモラスというよりもシニカルで、嫌味っぽいことも言うのだけれど、悪気があるかというとそうでもない、といった面もあるんですよね。

イギリスでは十六歳からビールが飲めて（※保護者同伴という条件付き）、十八歳からは何でも飲めます。十六より前から飲み始めているやつもいるでしょうし、大学での飲酒の印象は、「ともかく飲み方が上手い！」の一言でした。皆が皆ではなかったけれど、基本的に自分の範囲なり限界なりを知っている学生が多かったです。他はどうか知りませんが、うちの大学は「飲むのなら外ではなく、なるべく学校内で」という方針だったらしく、学校内で飲む機会はいつでもいくらでもありました。

僕がいた数学科は「授業の出欠は取らない、宿題はチェックしない、小テストは行わない」が原則で、レポートの提出もなかったから、年に二回の期末試験だけで成績が決まりました。僕はそういう形式に向いていたというか、対応できましたが、不向きな学生にはつらいんじゃないかな。

このような評価方法は、主流ではありません。学校によって学科によって、様々に違います。通常、宿題はチェックされるでしょうし、文系の学部なら、論文は大小いくらも書かされます。

就職を前に、アメリカのボストンキャリアフォーラム（※海外で学ぶ日本人学生と日本企業が出会う場：詳細は次ページに）に参加しました。ロンドンで開催のキャリアフォーラムもあるにはあったのですが、規模がとても小さくて、成果が期待できませんでした。ボストンまで行く手間はかかったけれど、参加したおかげでインターンシップ先が決まりました。

現在は、社員総数二十人という小さな投資会社で働いています。約半数が日本人、他はイギリス人とアメリカ人という構成で、全員バイリンガルです。人数が少ない分、皆が互いを知っていて、ファミリーといった空気感の職場です。

もし日本の大学に通っていたら、周囲の学生と同じように大企業を中心にした就職活動を進めて、大企業におさまったのかもしれません。日本の一般的な就活ルートから外れていたからこそ、今のこの職場と縁が繋がったのですね。

ボストンキャリアフォーラムとは

本書で何箇所にも紹介されているボストンキャリアフォーラムとは 1987 年に始まった日英バイリンガルのための就職イベント。毎年 10 月～ 11 月頃にアメリカ合衆国のボストンで 3 日間開催されている。主催は株式会社ディスコ。200 社を超える企業が参加している。

参加資格

・日本語力、英語力ともに初級レベル以上
・日本国外の大学の学士、またはそれ以上（修士、博士等）の学位を取得している者、または取得予定の者
・1 年以上の交換留学を経験後、日本の学士またはそれ以上の学位を取得している者、または取得予定の者
・留学経験のある職務経験者、海外での職務経験者

学生の参加費は無料（受付でチェックイン。CFN アプリに入場にも使えるアプリあり）

●ボストンキャリアフォーラムのホームページ
https://careerforum.net/ja/event/bos/

関連 URL

●海外で学ぶ留学生のための就活雑誌 *CFN Magazine*
https://careerforum.net/ja/contents/cfnmagazine2019
（電子版：無料）

●ボストンキャリアフォーラムの歩き方
https://bostoncareerforum.org/

ボストンキャリアフォーラムの徹底対策、ノウハウを提供するサイト。

200 名以上の参加者の体験をもとに、ホテルの予約の仕方から当日の歩き方、内定の獲得方法までを、徹底対策している。

第5章

おまけ　留学が決まってからの話

阿吽の呼吸は期待しない

日本の社会のなかで、「お察しください」「阿吽の呼吸でよろしく」といった空気感は根強いものがあります。近年では悪しき点として捉えられがちな要素ですが、そうとも言い切れないでしょう。功を奏した場合においては、さほどありがたみを意識しないのに、悪いときだけあげつらうのは、わがままですね。

海外では「お察しください」も「阿吽の呼吸でよろしく」も通用せず、「発信しないものはわかってもらいようがない」が原則と知ってはいるけれど、いざとなると「この気持ちに気づいてくれ！」とすがりたくなるのが日本人の悲しい性です。文化とは恐ろしいもので、無意識的であっても、若い世代にも備わっているのです。

どの学校にも留学生アドバイザーがいて、困ったときには相談相手になってもらえます。留学サポート会社経由の留学であれば、現地スタッフに頼ることも可能です。しかしそれは「自分で相談する」という行動を起こすことから始まることであり、向こうから察知してもらえるものではありません。「困惑した顔（声）をしていれば、深刻さに気づいてもらえるかも」「一言二言切り出せば、後は引き出せてもらえるかも」と期待するのは甘いでしょう。抱えている問題の内容を具体的に打ち明けて初めて、一緒に打開策を模索してもらえるという道が開けます。

「僕は茸類が全然駄目なのに、ホームステイではしょっちゅう茸料理が出て来るんです。僕が手をつけようとしないのに、どうして気づいてくれないんでしょう？」「では、『僕は茸が食べられません、茸の料理を出すときには他に違うものも』と、やわらかくお願いする文言を、一緒につくりましょう」といった具合ですね。

告知後の反応はどうだったかというと、「なーんだ、早く言ってよ」でした。確かにこのケースは、ホームステイ先の文化や個人に批判を向けるといった、繊細に対処が求められる要素は含みません。到着時に「僕、茸は駄目なんです」と伝えればすむはずだったのに、知らない国で知らない家族と一緒に暮らすという緊張感のせいで、切り出せなかったのですね。

無論、何ごともすんなり解決するわけではありません。大切なのは、「気づいてくれてもいいんじゃないか」と、黙ったままストレスを溜めないこと。そして、理解してもらうための労力を惜しまないこと。

学業においてわからないことを放置していては、成績が伸び悩むだけではなく、「努力した形跡がない」とマイナスな受け止め方をされ、印象が悪くなります。留学してまだ日が浅いといった時期でこそ、多少は目こぼししてもらえる可能性もありますが、数カ月もそのままでは無理というものです。

留学を機にコミュニケーション能力を伸ばすということは、大多数の留学生が掲げる目標です。そのはじめの一歩は、「阿吽の呼吸を期待しない」という意識を保持することです。

得意技の重要性

留学を間近に控えた私に周囲の人々が繰り返し言ってくれたのは、得意技を持つことの重要性でした。

言葉の要らないもの、例えば楽器の演奏とか、絵を描くとか、スポーツとか、そういった趣味の領域でちょいとした成果を見せ、周囲から「英語はおぼつかないけど、コイツったらやるじゃん」と感心してもらい、徐々に社交の範囲を広げていきなさい、居場所を確保しなさい、という助言でした。

そのアドバイスを受ける都度、私は深～くため息をつきました。私は歌も楽器もお絵描きもまるで駄目、アメリカ人のなかに混ざってしまえば体力もスポーツも十人並みといった程度で、つまりお手上げ。無芸な私にアピールの機会はなく、言葉できない、勉強わからない、社交の輪広がらない、の三重苦が続いたのでした。

しかし、十一年生（日本の高二）の途中で、何の気なしに始めた写真が私の人生を激変させました。写真部の顧問の先生に指導されつつ、運動部の試合の写真を撮り、フィルムを現像してプリントするようになると（デジカメではありません）、あーらびっくり。学校の花形といった華やかな選手たちが、「このアングルは圧巻だね」「今度はこれこれこういった姿を撮ってもらえないか」などと、向こうから私に声をかけてくるではありませんか。

顧問の先生の「ディフェンスはなかなか撮ってもらえないから、彼らを撮ると喜ばれるよ」との助言を受け実行すると、ディフェンス陣たちは一様に「君はスポーツをよく理解している」と満足顔。大型冷蔵庫のような風貌のフットボール野郎たちに微笑まれるなんて、とんでもなく想定外な経験でした。

最終学年ではフィルムの現像やプリントを教えるという責務をもらい、指導者に昇格しました。週末は下級生たちと何時間も暗室三昧。恐ろしく凡庸で不器用な私でも、写真に居場所をつくってもらえたのでした。

これから留学する学生たちにも、このような「言葉の要らないエリアでの得意技」を開拓しておくことをすすめます。

今の時代だったら、ゲームという選択肢もアリなのでしょう。どちらかと言えば、女子より男子のものでしょうか。難易度の高いゲームでがんがん高得点を上げれば、男子の中では超ウケ間違いなしですね。女の子にはモテそうもないけど、まあよしとしますか。

出発前に読んでおくもの

留学を前に子どもにどのような準備をさせるか、といった助言を求められた際、私は「キリスト教文化とギリシャ神話を少々かじらせておく」と答えます。留学先の国々の人々が、当たり前に共有している知識だからです。

現代という情報氾濫の時代、若い世代は「わからないと気づいたときが物事を知る機会」という風潮でネット検索などを行いがちです。しかし、留学という日々の暮らしに精いっぱいな時期に限っては、そうは言ってはいられません。準備期間中に様々に知識を蓄えておくことは、極めて大切です。

世界史の授業では、宗教にまつわる争いごとをたくさん学ぶことになります。その際、「カトリックとプロテスタントはどう違うんだっけ？」と検索しているようでは、到底間に合わないのです。『ベニスの商人』を読みながら「どうしてユダヤ人はこんな目に遭うの？」もしかり。

キリスト教系の学校では、聖書の授業が必修科目に組み込まれています。そういった授業では、初歩的な知識にあまり時間をかけないまま、さっさと高度な内容に進むと想定しておくべきでしょう。

どの国においても、ホームステイを受け入れる家庭の多くは宗教心に厚いというデータがあるそうです。日曜日ごとに教会へ行くホストファミリーでも、留学生に強要はしないというのが一般的な風潮のようですが、基礎的な知識を持つに越したことはありません。宗教とは無縁な会話のなかでも、キリスト教の言葉やエピソードが登場することはよくあります。

代表的な例として、「善きサマリア人のたとえ」があります。人々の会話のなかで、テレビドラマや映画において、「まるでサマリア人みたいな」といった言い方がされ、その短いフレーズだけで、口にした人物が何を言い表したいか、聞き手は全員わかります。しかし、キリスト教に馴染みがなければ、理解のしようがないものです。

宗教同様、ギリシャ神話も基本をおさえておくことをすすめます。「パンドラの箱」が最も有名なのかもしれませんが、「トロイの木馬」も挙げておきます。日本人の多くは、「コンピューターウィルスのことでしょ」と反応しがちです。間違いではありませんが、実はギリシャ神話のなかのトロイア戦争の物語からの引用で、木馬に仕込んだ兵隊とのアナロジーという、特異ないきさつが存在するゆえ、ウィルスにそのような名前が付けられているのです。

どれもパロディは「もと」を知っていなければ理解できない、楽しめない、というのが世の常です。携帯電話のコマーシャルで、桃ちゃん、浦ちゃん、金ちゃんの扮装がなぜあのようなのか、日本人ならすぐわかります。でも異文化の人は、「三人三様に凝った衣装をまとっている」といった程度の理解でしょう。それと同じことが、留学先でも起こるのです。コマーシャルならわからなくてもスルーで結構。けれど、学校で学ぶ宗教画や史実の基盤となる知識は、多少なりとも追いついておくことが望ましいです。

漫画なり子ども向けの英語の本なり、出発前に数冊いかがでしょうか。

追加の提案をするならば、イソップ物語も代表的なもの、「すっぱい葡萄」や「蟻とキリギリス」ほか少々をおすすめします。

留学を選択した子vs 選択しなかった子

休暇で留学生が帰国していると、親戚やら周囲の大人から、「留学しているんだってね、偉いね」といったコメントを頂戴します。「留学イコール立派な行為」という感性が働いてしまう結果、自然に「偉い」という形容詞が発せられるのでしょう。

親としてそういう場面に遭遇する都度、私は子どもに向かい、「留学しているからって、偉くなんかないいんだからね」と、低い声で凄んだものでした。

確かに偉いと評されておかしくはないです。でも、若い世代が大人から繰り返し「偉い」と告げられると、どうしても驕りという心持ちになってしまうじゃないですか。私はそれが嫌でした。行きたくなかった子が無理やり留学させられて頑張っているのであれば、「偉い」と評したくもなるけれども、うちの子たちは望んで留学したわけで、繰り返し「偉い」と言われるのはどうよ、と。

現役の留学生だった頃、私も周囲からしきりに「偉いわね」と言われたものでした。居合わせた両親は何か適当な反応を口にしてはいましたが、心の内で娘に向かい「つけあがるな」と発信していたと、私は理解していました。

なぜこの話題を取り上げたかというと、それは家庭内に留学を選択しなかった子がいた場合、どう対応をするかという議論を投げかけたかったからです。

留学しているきょうだいは、盛んに「偉い」と褒められる。けれど、留学をしない子には誰もそう言わない。それってあんまりじゃありません?

親御さんたちにお願いします。複数子どもがいて、留学する子としない子に分かれてしまった場合は、どうぞ世間から「偉い」と褒めてもらえない子を気にかけてあげてください。なぜって、決して「留学しない子は偉くない子」ではないのですから。

談話 5

海を越えて行く選択肢があることを知った衝撃がその後の自分を駆り立てている

天野智之さん　宮城県出身　東京都在

留学や国際教育に特化した情報誌やウェブサイトを運営する会社を、経営しています。語学教育も含む、グローバル人材育成事業も手掛けています。

仙台市の出身で、市内の公立の中学校を卒業して、ニュージーランドの高校に留学しました。兄の同級生で同じ中学校の先輩から、ニュージーランドの留学の話を聞いたのがきっかけでした。「高校生で仙台から出て外の世界へ行く、しかも海を越えて、という選択肢があるんだ」と知って、ハンマーで殴られたような衝撃を受けました。

兄姉は皆、仙台市内で進学していて、私も海外なんて微塵も考えていませんでした。中学二年生のときにその先輩の留学の話を聞いて以降、私は「海外に行きたい」という気持ちが溢れ出て、ただ無性に行きたいと思いを募らせました。親に打ち明けたら、「まさか自分の子が留学を、自分から言い出すとは」、と驚かれました。

英語は得意でも苦手でもありませんでした。運動は好きで、中三のときは器械体操部で部長をしていました。部長としてリーダーシップをとることは、嫌ではありませんでしたね。末っ子の私は、姉やふたりの兄に対し、「追いつきたい、追い越したい」という意識はすごく強く、それが留学や起業につながったのかもしれません。

中学を卒業してすぐ出発して、ニュージーランドの公立高校に入りました。私のような留学生はまず一日中ESL（English as a Second Languag）プログラムに入れられて、語学習得を集中的に行います。一、二カ月経つと、体育や数学など、あまり言葉が必要とされない科目がとれるようになり、英語力をつけていくうちにさらにESLの時間を減らし普通の科目を増やす、という流れで勉強しました。そのおかげで、現地の高校にも比較的スムーズに馴染めたと思います。若かったせいか、恐怖心というものをあまり持つことなく、何にでも意欲的に取り組みました。

高校生活が終わりに近づくと、漠然ではあったけれど、自分で起業したい、そのためには憧れのアメリカで経営学を学びたい、という思いが募り始めました。親に相談したところ、「戻って来て日本の大学に染まってしまっては、ニュージーランドでの経験がもったいない」と承諾してもらえ、アメリカ留学が叶いました。決して裕福な家ではありませんでしたから、学費が高いアメリカに留学させてもらえたのは、本当にありがたいことでした。

高校を卒業したのが十二月。アメリカへ渡る翌年の八月までは、日本で必死にアルバイトしてお金を貯めました。この頃のいろいろな経験は、後年起業した時の役に立ちました。

希望通り、カリフォルニア州立大学チコ校（State University of California at Chico）に入学して、経営情報学（Management Information System）を専攻しました。チコは小さな田舎町でしたけれど、三時間程度車で走るとサンフランシスコに行けるので、授業の一環でシリコンバレーを訪れる機会もありました。

様々な企業を見学し、「お前らも将来はこういうところで働くんだぞ」とけしかけられて、すごく興奮しました。アメリカの大学の経営学の教授のなかには、アップルやヒューレットパッカードで役職についていたといった方が、普通にいるんです。「アップルで俺はこれこれこういったことをやってたんだ」といった自慢話に聞き入りながら、「いつか自分もそうなるんだ」との思いを胸に秘めて、勉強しました。実際に叶うかどうかは別としても、夢を抱かせてもらえるのは、素晴らしいですよね。

日本では就職活動をしていません。ボストンキャリアフォーラムに参加して、その場で五社から内定をもらい、そのなかのひとつだった日立製作所に入社しました。

私が行った頃のボストンキャリアフォーラムには、七十社くらいの企業が参加していたと思いますが、今は二百社くらいが集まるそうです。ボストン以外の様々な大都市でもキャリアフォーラムが開かれるようになったのは、留学生の需要が高いからでしょう。世間には「留学すると就職が難しい」と思っている方が多いのですが、それは間違いだとわかっていただきたいです。

二年とちょっと日立で働いて、退社して広告代理店を起業しました。二十五歳でした。翌年になって、留学に特化したメディア会社を始めました。

今は特色がないと採用されない時代です。幼い頃から「レールから外れるな」と言われて育って来たのに、就職活動が始まった途端、他人と違う点をアピールしろと言われる。違いを出せないと就職できないのではないかとの不安に駆られる。「レールから外れていたほうがよかったの？」と戸惑う。それって、どうなんでしょうね。

留学生が減少している今は、ＡＩが発展し続けている今は、昔に比べて留学生の経験値がより尊ばれる時代だと、私は確信します。

多くの日本の学生は、優秀なのに保守的というか、なかなか世界に目を向けませんね。それがもどかしくて、メディアを通して後押ししたい、というのが私の願いです。

長期に行ければそれに越したことはありませんけれど、無理なら短期でもいいから、腹をくるというか、覚悟を決めて、目的を持って、レールから外れた経験を重ねてもらいたいと思います。

私が経験したこと 耳にしたこと

地元紙に掲載された、高校生だった私が撮った一枚。運動部の試合では、いつも最前線でカメラを構えていました。

戦後すぐ海外へ渡った留学生たち

太平洋戦争が終わり数年経つと、途絶えていた海外への留学が復活し始めました。機会を得たのは私費で行くことが可能だった富裕層ばかりではなく、アメリカ、フランス、イギリスなどの政府が開始した、奨学金制度の恩恵を受けた大学生たちも含まれました。

なかでも大盤振る舞いをしたのは、フルブライト奨学金（日米教育委員会・フルブライトジャパン）です。敗戦で深く傷ついた日本が、その反動で共産化の波に乗らないよう、有名大学の学生を大勢アメリカに送り込み、資本主義の価値を体感させたのでした。

海外との行き来がごく限られていたその当時、民間の旅客機の存在はごくごくわずか。しかも大変高価で、利用するのは外国人ばかりでした。学生たちは皆、多くのビジネス目的の旅行者がそうであったように、貨客船（客室を備えた貨物船）に乗り込み、港に着いてからは鉄道や長距離バスを乗り継いで、留学先へ向かいました。

サンフランシスコ講和条約発効（一九五二年四月）前の日本は、独立国ではありません。条約が正式に調印される前年までに発行されたパスポートの表紙には、当然あるはずの「日本国」の表記はなく、印刷されていたのは「ＯＣＣＵＰＩＥＤ　ＪＡＰＡＮ（占領下の日本）」という文字でした。

太平洋を横断するために費やす時間だけでも膨大ですから、長期の休みに一時帰国することは夢のまた夢。留学期間が一年だろうと四年だろうと、旅は一往復に限定されました。

敵国・敗戦国出身というハンディを抱えた留学生たちは、計り知れないほどの苦労を経験したそうです。「元米軍兵と名乗る見知らぬ男から、いきなり嫌がらせを受けた」「日本人と名乗ったら、アパートを貸してもらえなかった」「台湾は戦勝国の一員、日本は敗戦国、同じ東洋人留学生でも異なる扱いをされた」といった証言は、数限りなく存在します。

国際電話は、事前申し込みをすればかけられました。音響はとても悪くて、互いに繰り返さないとなかなかわかり合えなかったけれど、請求書の額がどうなるか恐ろしすぎて、繰り返すことははばかれた、そもそもよほどの理由がない限り留学生は電話をかけなかった、と聞いています。

外貨持ち出し制限という足かせがあり、日々の暮らしぶりは質素にならざるを得ませんでした。私費で留学できた裕福な家庭の出身者ですら、「ことあるごとに、質屋に時計を持ち込んでピンチをしのいだ」といった経験は避けられなかったようです。

自国の復興に尽くしたい、日本と諸外国の橋渡し役を勤めたい、と旅立って行った留学生たちの多くは既に鬼籍に入りましたが、彼らの尊い志は、ぜひとも受け継いでいきたいものです。

日本人は魚を生で食べるんですって

戦後すぐにフランス留学した女性の体験記に、「日本人って、魚を生で食べるんですって」と周囲から見下されて悔しかったという話がありました。

「海から採ってきて、そのままを手掴みでかじりつくの?」と尋ねられたときには、卒倒せんばかりの怒りを覚えたそうです。「皮を剥いで骨を外して、きれいに切ってお皿に盛って食べるのよ」と説明しても、誰も大して気に留めてくれなかったとの嘆きも綴られていました。

私が留学を始めた一九七〇年代後半でも、「日本人は魚を生で食べるって本当?」と尋ねられたものでした。ニューヨークやサンフランシスコといった大都会に住む最先端のアメリカ人はお寿司の美味しさを賛美していましたが、一般社会においては「魚を生で?」が普通でした。

海藻を食べるに至っては、野蛮人扱いそのもの。当時のアメリカ人は、海藻は海のゴミ程度の理解でしたから、口にするなんてとんでもない。「種類もいろいろあって、ミネラル豊富な健康食品なのよ」と言い返したところで、「げえ〜」といった反応しかもらえませんでした。会話を交わす相手は自分と同じティーンエイジャーですから、寛容さを期待するなんてまったく無理な話で、私はひとり静かに、自国の食文化にケチをつけられた悔しさを受け止めるばかりでした。でも、大人の反応も似たりよったりだったですね。

あれから時は経ち、世界の和食に対する意識は劇的な変化を遂げました。カメラに向かい、

「スシ、サイコー！」なんて叫ぶ外国人をテレビで目にすると、フランスで辛酸を舐めさせられた女性を思い出します。

百日経つと

外国語を聞き取る能力は、日本で学生生活を送っていては向上させにくいものです。留学を間近に控えていた私が先人たちから頂戴したのは、「留学して百日経つと耳が慣れて、英語が文章になって聞こえてくる」という助言でした。

実際そうなるか興味があったので、意識的に日数を確認しながら留学生活を送っていましたが、この助言はその通りだと実感しました。

アメリカ上陸以来、相手が発する「音の羅列」のなかから判別できる言葉をぽつりぽつりと拾うのが精いっぱいだったのに、百日を過ぎた頃になると、急に英語が文章となって耳に飛び込み始めました。そうなると、「何を言われているのか、さっぱりわからない」という悲しいステージとはお別れ。次なる「全体像はつかめるけど詳細は拾えない」といった段階に昇格します。そうなればこっちのもの。わかったことを喜びながら、わかったつもりでヘマをやらかしながら、徐々に上達して行きました。

とはいえ、耳は勝手に進化してはくれません。ひたすら自分を英語漬けにして、初めて得られる成果です。自室に引きこもって日本語でネットをいじってばかり、日本人の留学生仲間とつるんでばかりでは、この百日ルールは後日のお預けとなってしまいます。

イラン純金物語

留学生として私がアメリカに到着したのは、一九七七年の春。イランでイスラム革命の兆しが生まれつつある時期でした。オイルマネーで潤う革命前のイランは極めて親米的で、アメリカ各地の高校・大学には、おびただしい数のイラン人が在籍していました。私が最初に「世界は広いなあ」とびっくりしたのは、イラン人留学生たちとの交流の経験でした。

高校生なのに、男の子は全員例外なくヒゲ面。男の子も女の子も、腕・首・指に純金のアクセサリー。皆、想像を絶するお金持ちで、中には母国からメイドを呼び寄せ（親の段取りの結果ですが）、学校の近くにアパート暮らしをさせ（観光ビザでの入国だったのでしょう）、ベッドメイクや洗濯物の世話をさせる坊っちゃま・嬢ちゃまもいました。

ヒゲをたくわえるのは男子の証明といった、かの国に男子と生まれたからにはしなくてはならないこと。純金のアクセサリーを身につけるのは、「緊急時はそれらを売って避難の資金に当てなさい」とのご先祖様たちの教訓から生まれた慣習。メイドの世話を受けていたのは、圧倒的に男の子でした。「洗濯なんてやってられないもん」と、にこやかに囁かれました。

男の子が身につけていた純金のアクセサリーは、どれも重みのあるごついもので、威嚇的ですらありました。指輪は最低でも四つくらいはつけていて、スポーツするのに不自由そうでした。「これが当たり前だから、別にぃ」と言っていたけれど、本人たちにとってはそうですよね。しかし、日本国出身者としては、（アメリカ人も同様）それら光り輝く品々の存在に、ひたすら圧倒されたのでした。

さすがに女の子のアクセサリーは、見た目も重視という印象でした。一番仲良しで、ペルシャ語と日本語を教え合っていた友だちに、「素敵ね、そのブレスレット」と褒めたら、「あら気に入ってくれたの？　じゃあ次に帰国した際に、これと同じようなので、あなたの名前を彫ったものをつくってあげるね」と無邪気に切り替えされ、高揚するやら怯むやら。そんな贈り物をもらってしまっては、どんなお返しをしたらいいのでしょう。

親にどう切り出そうと焦った私でしたが、そんな心配は杞憂に終わってしまいました。イラン王国の崩壊が間近に迫り、留学生たちは一斉に家族のもとに呼び戻されてしまったのです。

その後、富裕層の多くは他国へ避難したとの報道がされましたが、一緒に机を並べた友人たちは、一体どこへ行ったやら。ＳＮＳを駆使すれば見つけられるのかもと考える一方、懐かしい思い出として胸にしまい込むのがベストとも思え、いまだに探さぬままにしています。

少々逸脱してくれる大人

ミセスSは私の高校の教頭先生の奥さんでした。学校の敷地内の、教頭住宅という一軒家に、ご主人と息子ふたりの四人で暮らしていました。

何でもない週末のある日、アメリカ人のルームメイトが「退屈だから、ミセスSにりんご園に連れて行ってもらおう」と言い出しました。私は面食らい、「そんなことしていいの？」と聞き返してしまいました。「大丈夫、暇なら必ずOKしてくれるし、駄目なら駄目で終わるから」と彼女は余裕の笑み。ふたりして徒歩数分の教頭先生宅をアポなしで訪れ、玄関のチャイムを鳴らしました。

コロコロとまん丸く、「アメリカの気のいいおばちゃん」そのものといった容貌のミセスSは、「お時間あったら、私たちをりんご園に連れて行ってくださいませんか？」とのぶしつけなお願いに驚きつつも、「今日中にやらなきゃいけないことはいくつかあるけど、何とかすれば……、◯時なら大丈夫よ！」と承諾してくれました。

かくして我々ふたりは約束の時間に教頭先生宅を再度訪れ、教頭夫人の車に乗り込み、数キロ離れた山頂のりんご園へ向かいました。距離的にはそう遠くないけれど、山道を行く運転だから、想像していたより時間がかかるドライブでした。

社交的なミセスSは「女の子と出かけるとおしゃべりが弾んで楽しいわ～、うちの男どもったら、誰ひとりまともに相槌すら打ってくれないんだから！」と上機嫌。厚かましいおねだりをしたと恐縮していましたが、おしゃべりというエンターテイメントでお返しができて（実際にしゃべっていたのはルームメイトでしたが）、少しばかり気が楽になりました。

ミセスSには、その後も何回かりんご園へ連れて行ってもらいました。こういった類の息抜きは、日々のストレス解消には一番だった気がします。

先生だったり、職員だったり、配偶者だったりは、学校によって時代によって異なりますが、寮生を抱える学校には、こういった「少しばかり逸脱してくれる大人」がいるものです。

そういう人物との縁に恵まれると、厳しい留学生活にもささやかな平穏が訪れます。

試験中はお菓子まみれ

高校の同級生のヴィクトリア、愛称トーリーは、定期試験の都度、学校に大量のお菓子を持ち込んでいました。

数日前には各教師を訪ね、「あのね先生、試験はお菓子を食べながら受けさせてくださいね、でないと私、ストレスで倒れちゃうかも」と甘い口調でおねだりし、許可を取り付ける習慣でした。

試験の当日、教室に入るやいなや彼女はバッグからチョコレートやナッツが入った袋を引っ張り出し、机の端に置きました。時間になって試験が始まると、静かな教室にはシャカシャカポリポリ、袋を開ける音や食べる音が……。いくらこっそり食べていても、どうしても音は聞こえてしまうのでした。

私は彼女とは数学の授業しか一緒でなかったので、定期試験ごとに一度切りの経験でしたが、「ほぼ毎試験一緒」という仲間は少なくありませんでした。けれど皆、「トーリーったらよくまあ、毎時間毎時間、あれだけ食べ続けるよね」と笑うだけ。誰も文句をつけませんでした。

四年の間（※アメリカの高校の多くは四年制：日本の中三から高三まで）、彼女は毎試験期間、毎試験ごと、お菓子を食べながら答案を書いていたそうです。

先生たちが「世の中はみんな食べずに受けるのだから、君も我慢しなさい」というのは簡単なのに、「お菓子を食べるくらい、いいんじゃない」との判断で、許可したのだと想像します。周囲も、「トーリーったらまた食べてるよ」とスルーしていたのですから、やはり個人主義の国は違うと、深く感心しました。

学年で三番以下には絶対ならなかった秀才のトーリーは、誰もが羨む超エリート大に進学後も、お菓子を食べながら試験を受けられたのでしょうか……。

好奇心が抑えきれず、私も真似して数学の先生から許可を取り付け、お菓子を食べながら試験を受けてみましたが、集中力に難ありで、一度きりで止めました。他の誰も真似していないとは、そういう理由があったからだったのですね。

女子寮よりも男女共同寮

晴れて大学に合格し、入学準備の書類を書き上げている時期、寮の選択という事項を前にして、私は迷うことなく男女共同寮を選びました。不測の事態が起こり助けを求めるとき、男子が大勢いたほうが都合良いという助言を受けての判断でした。

私の現役時代、大学の寮のほとんどは、朝七時から夜十時といった間、正面玄関も裏口も施錠されていませんでした（都会に建つ学校はそうではない）。もともと塀や囲いがあるわけでない、開放的なキャンパスでしたから、昼間は誰でも難なく寮に入れたのでした。当然、不審者トラブルのリスクが最も高いとみなされたのは、女子ばかりが住む寮でした。

大学の寮では異性が部屋を訪問することが許されていますから、女子寮に忍び込んだ不審者を居合わせた男子学生が追い出してくれる可能性は、ゼロではありません。けれどもそれは、たまたま男子が女子寮に居合わせたという偶発的な要素があって成立する話ですし、侵入者を威嚇できる身体的条件を備えている人物でなければ、用をなさないのです。該当者がいなければ、頼れるのは学内の警備員のみです。通報を受けた警備員が到着するまでの間、怖い思いをするのはごめんですね。

今の時代、どの大学のどの寮のどの扉も、終日しっかり施錠されています。しかしだからとて、侵入者を完全にシャットアウトできるわけではありません。同じ大学に通う仲間でも良からぬ行動をする人物もいる、同性が同性に言い寄る可能性もある、ということも考えられ、残念ながら「治安が完全に守られている寮」なるものは存在しません。絶対なのは、「女子寮だから安全」という思いこみは危険であるということです。

中学留学に前向きでない理由

実のところ、私は中学での海外留学には前向きではありません。「類は友を呼ぶ」という諺の通りなのか、私の周囲には、同じ意見を持つ方が多く存在します。留学エージェントのなかにも、「中学での留学はおすすめしない」と言い切る方もいらっしゃいます。

身近なところでの成功例もあります、知っています。インターナショナルスクール出身の、言葉の壁とは無縁な子のケースも、一般の日本の学校から進んだ子のケースも、成功例はありました。ですから、決して「中学での留学に反対」とは申しません。しかしながら、「留学は中学の卒業証書を受け取ってからでもよろしいのでは」とは進言します。

中学での留学を考慮の際には、以下の二点の検証は必要だと思われます。

一、　義務教育を途中で放棄させるまでして送り込む大義とは何か?

二、決定は本人の真摯な意思にもとづいたものなのか？

我が国の学校教育の制度に不安を抱く保護者は多いでしょう。近年のインターナショナルスクール熱は、その確たる証拠だと明言できます。とはいえ、大多数の子どもは通常の日本の学校（法律で言うところの一条校）に通うわけです。

留学に対し、「高校では遅い、ぜひ中学で」と思われるご家族は、「義務教育を途中放棄してまで目指す留学とは何か」を検証することをおすすめします。なんのかんの文句はあれど、義務教育は日本人としての基盤を形成する制度であり、残り一年や二年というところまで進んでやめてしまうのはもったいないと言えます。

中学で留学する子は、高校も大学も海外で過ごすのでしょうか？　そうなると、日本語の実力は著しく低下してしまいます。「英語は堪能だけど日本語はおぼつかない日本人」への道を歩むことは罪ではないけれど、アイデンティティや就職といった課題も含め、本人にとっては不安定な道のりが予想されそうです。

「海外で中学を卒業して、日本で高校に通う」「海外で中学と高校を卒業して、日本で大学に通う」という案もあります。大学まですべて海外で過ごす案と比較して、言葉やアイデンティティのバランスを取ることも、確実に難易度は下がります。

もう一点検証の必要があるのは、本人の意向です。中学での留学を決断するとは、つまり本人は十一、二歳なわけで、そのような成熟度での意思決定は、親の意向に沿っただけなのかも、外国で暮らせるなんてカッコイイといった程度かも、という疑問が残るのです。

「中学生も高校生もそう変わらない」と言い切るのは、少々乱暴そうな気がします。個人差はありますが、この世代の心身の成熟度の違いは大きいものです。長距離を移動するのも、外国語で学業をこなすのも、揺れ動く思春期に自己と向き合うのも、「誰か大人がそばについていれば大丈夫」なのでしょうか?

最後に、とある友人の意見をご紹介いたします。

「中学生は男の子も女の子も身体がものすごい勢いで変化していて、『自分の身体は、一体どうなっちゃうの?』と不安定な時期でしょ。そんな時期にひとりで言葉が通じない国に移り住んで、直接相談できる相手が、出逢ったばかりのホームステイのママ・パパや、医務室の先生や留学コンサルタントだったら、どんなに不安か、恥ずかしいか、私には想像できない」。

「一過性の現象だし、そのような心配は乗り越えていけばいい」という見解も、「留学は高校生まで待って、心も身体もそれなりにコントロールできるようになってから」もアリと認めます。でも後者でいいのでは、と私は思ってしまいます。

スカーレット・オハラが通った? 学校

娘が卒業した高校を、私は密かに「スカーレット・オハラ学園」と呼んでいました。スカーレット・オハラとは、アメリカの小説『風と共に去りぬ』の主人公です。戦前につくられた映画は、日本でも繰り返し大ヒットしました。

この高校は、アメリカの南部と呼ぶ地域の北限といったあたりにあります。創立時は「フィニッシングスクール」という扱い。これは「この学校に通うことで学業は終わり」という意味合いの、「良妻賢母製造学校」とでも呼べる、裕福な家庭の娘たちのために創られた、ゆったりとした気質の学校です。アメリカ固有のものではなく、もとはイギリスやヨーロッパのものでした。

『風と共に去りぬ』が書かれた時代、南部全域は農業地帯でした。巨大な農場主の娘として生まれた子は例外なく、実家と似通った境遇の家庭に嫁ぐ習慣でした。

フィニッシングスクールで文学や世界史の勉強をするのは、社交界で恥をかかない程度の教養を身につけるため。数学を学ぶのは、夫が長期出張の間、夫の部下に帳簿をごまかされるといった不祥事を防ぐため。大勢の使用人をまとめるための統率力も養われました。裕福な家をまとめるには、基礎学力だけでは間に合わない。けれど、大学で得るような専門知識が求められたわけでもない。社交界で関わりを持つ老若男女から、そして使用人たちから、一目置いてもらえる程度の知性を身につけることが望まれたのです。

社会の意識の変化に伴い、アメリカのフィニッシングスクールは、次々に進学校へと変貌を遂げました。今となっては、教えてもらわないことにはどの学校がそうだったかわかりません。娘が通った高校も、半世紀前にはひとかどの進学校になっていて、能力別のクラス編成を始めとする、大学受験を前提にしたカリキュラムで、容赦なく生徒たちに圧をかけています。

どの高校も判で押したように「レベルの高い大学に入れ！」とせっつくのもナンだなあ、特異性があってもいいんじゃないの、とぼやく私ですが、時代はそうは許してはくれなさそうで、ちょっと残念です。

思いがけなく超ウケだった話

「自分で望んで入るのであれば期待感いっぱいだけど、強制的に入れるなんてあんまりでしょ」というのが、全世界的に共通する寮制の学校に対する認識です。ハリー・ポッター・

シリーズのおかげで随分と好意的に捉えられるようになりましたが、寮制の学校が伝統的に存在する国においては、いつの時代も「あなたのようなだらしない子は、寮制の学校に入れてしまいますよ」という脅し文句が幅をきかせます。イギリスの学校制度では、小学生でも入寮が可能です。「サンタクロースからプレゼントがもらえませんよ」の台詞が通用しなくなる時期になると、「寮制の学校に入れてしまいますよ」がとって代わるのかもしれません。

アメリカではせいぜい中学生からですが、やはり「あなたのようなだらしない子は、寮制の学校入れてしまいますよ」という台詞は有効です。思春期という怖いものなしの世代にとっても、結構マジにびびる脅しです。

通っていた学校との相性が良くなく、それを言い訳に前に進めないでいた自分を変えたくて、どうしてもアメリカの寮制高校に進学したかった私は、ことあるごとに親の口から放たれる、「そのようなだらしなさでは、寮制の学校に入れてあげませんよ」が、恐怖におののく脅し文句でした。そう告げられるたびに、「態度を改めると約束するから、必ずや行かせてください」と懇願したものでした。

欧米の人たちにこのエピソードを紹介すると、「世の中にそんな子どものしつけ方があったとは！」と、例外なくお腹を抱えて笑い転げてくれます。パーティーといった大勢が集う場であれば、わざわざ呼びつけられて、「あのさっきの『お願いだから寮制の学校に行かせてくれ』とのエピソード、ここでもう一回紹介して」なんてリクエストされ、繰り返し爆笑を頂戴することも。

私版「すべらない話」です。こんな形で世間様の注目を浴びるはずでは、決してなかったんですけどね。

寂しさも大切な経験

当たり前な話で恐縮ですが、留学生って寂しいものです。

高校時代、金曜日の夕方に親にピックアップされ、週末を自宅で過ごす友人を見かけるたびに、羨ましく思ったものでした。不本意な思いにさいなまれるたびに、寮のベッドに寝転んで思い浮かべたのは、東京の自室の天井でした。自宅にいたら見えたはずの風景を思い浮かべ、我が身の不幸（って大袈裟ですが）を憂いたのでした。でも脳裏を離れないのは、「お前が自分で望んだから、ここに居るんだろ」との声……。

ある土曜日の夕方、「あなたには連れ出してくれる親がいないのだから、私たちと一緒にいらっしゃい」と、同級生のママがご飯に連れ出してくれたときは、言葉では言い表せないくらい嬉しかったですね。

三年間の高校生活で、日本語をしゃべる機会はゼロ。日本のお菓子も、自分で自宅から持ってきたものが尽きればそれで終わり。自力で日本の食材を売っている店に辿りつくのは不可能で、ネットそのものがない以上、ネットショッピングという制度は存在しませんでした。

留学生は誰しも最初は寂しいものです。インターナショナルスクール出身で、言葉の壁とは無縁の我が子たちも、多少のホームシックを経験したもようです。はっきり言葉にすることはなく、さりげなく切り抜けていましたが、親として「今はそうなんだろうなあ」と察することはありました。

寂しさと向き合うのも、それを乗り越えるのも、留学中に避けて通れない経験です。自力で乗り越えることで、自信が生まれます。

「春が来ない冬はない」も「冬が厳しければ厳しいほど、春の到来が喜ばしい」も、私が自分自身に言い聞かせていたフレーズです。今でも好きで使います。

今の時代、スカイプやフェイスタイムなどを通し、子どもの寂しさを軽減させることはいくらも可能です。けれど、そうやって冬の厳しさを楽にさせてしまうと、春の到来がありがたくなくなってしまいます。何ごともつらいより楽なほうがいいに決まっていますが、冬の厳しさを経験させ、春のありがたみを全身全霊で感じさせてあげるのも親心、という考え方があってもよろしいのではないでしょうか。

注 1：近年アメリカでは、共通試験を受けなくても受験可能な大学の数が増えてきました。今後この傾向が広まるかは、まだ様子を見る必要がありそうです。

注 2：日本の高校からイギリス式の教育システムを取り入れている大学（イギリス・オーストラリア・ニュージーランド）に進学する場合、現地にて進学準備コース（Foundation Course）と呼ばれるプログラムを修了するよう義務付けられます。

帰国生枠を利用して日本の大学に受験する

「帰国生枠」を得るためには、いくつかの条件を満たさなければいけません。条件は各大学・学部で異なりますので、志望校の要望をしっかり調べておく必要があります。

以下は、挙げられている条件の主だったものです。

・最終学年を含む 2 年間、海外の高校に在籍のこと
・海外において外国の教育制度に基づく中学から高校の在籍年数が通算 4 年以上にわたること
・海外の高校を卒業していること
・海外の高校から帰国後に日本の高校に在籍の期間が 2 年（または 1 年半、1 年）未満であること
・高校卒業後の経年期間が 2 年（または 1 年半、1 年）未満であること

TOEFL または IELTS のスコアも重要なファクターです。

◉ ACT

英文法、数学、読解、理科、作文、の５項目を受けます。

◉ 国際バカロレア資格：International Baccalaureate

IB 資格取得のためには、IB コースをオファーする高校に進学して、高２と高３に在籍中「IB コースのディプロマプログラム」という決められたカリキュラムを修了します。カリキュラムには六つの教科（英語、数学、理科、社会、外国語、芸術）の他に、「知識の理論（Theory of Knowledge）」「教科外活動 CAS: Creativity, Action, Service」というプログラムが含まれます。前者は調査する力、ディベートやプレゼンテーションをする力を養います。後者では芸術性、スポーツ、社会奉仕といった活動を行います。

IB 資格取得には、最後に論文（Extended Essay）の提出と各教科の修了試験を受けなくてはならず、決められた水準以上の成績を納めた受験者のみ「IB 資格を取得」と認定されます。不合格の場合は、「コースを修了した」という認定に留まります。

IB の修了試験に不合格だった場合、または点数が大学から要求されていたものを下回った場合、大学はその受験者の合格を取り消す権利を得ます（取り消すとは限らない）。IB コースに在籍しながらも、SAT や ACT を要求する大学にそれらのスコアを送って受験した場合は、IB の結果が合格の取り消しにつながることはありません。

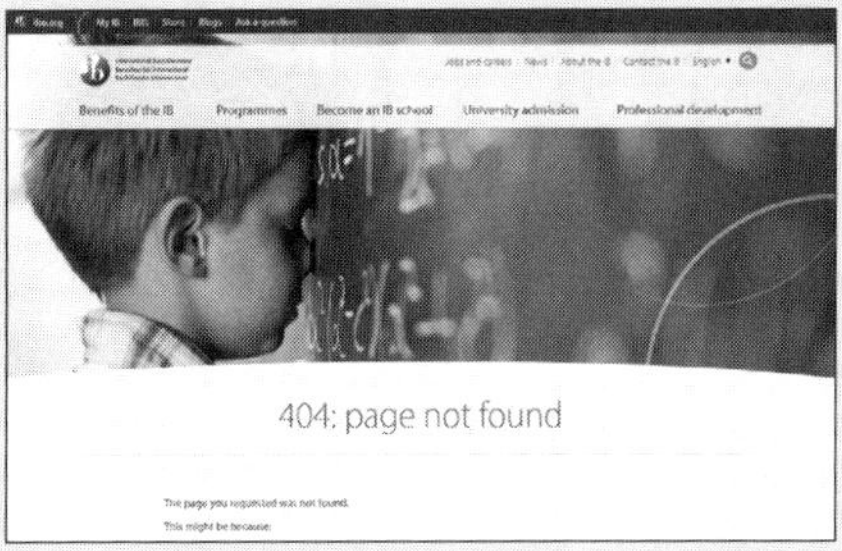

SAT と ACT には、特別に修了を義務づけられている科目も用意された活動もなく、テストのスコアのみが評価の対象となります。

高校で IB コースを受講していても、アメリカの大学を受ける場合は SAT か ACT のスコアを要求されるケースもあると、受験生は心得ておく必要があります。

SAT も ACT も毎年数回世界中で実施されていて、随時オンラインで申し込みが可能です。毎回テスト内容は変わりますが、幾度か受けると点数が上がるという傾向があるので、多くの生徒は二度三度と繰り返し受験します。後のスコアのほうが前に受けたものより下がってしまったというケースでは、大学は受け取ったすべてのスコアのうちの、最も高いものを最終的な成績として考慮します。

SAT と ACT の両方を受ける必要はありませんし、両方のスコアを提出しても合格のチャンスは高まりません。どちらを受けるかは受験者の判断に任されます。

両テストとも、成績を上げるための参考書が出回っているほか、日本国内に夏期や冬季に講習を開催する塾がありますので、自習する機会には恵まれています。これらの他に、TOEFL や IELTS の成績向上のための塾もあります。

◉ SAT

SAT は Reasoning Test と Subject Test と呼ばれる、ふたつの独立したテストで構成されていて、一度の機会にどちらかひとつを受けることができます。前者では読解、英文法＋作文、数学の３つの項目すべてを受け、後者は英語、歴史、社会、数学、理科、外国語のうち、大学が指定する科目を受けるという仕組みです。1回に最大で3科目受けられます。

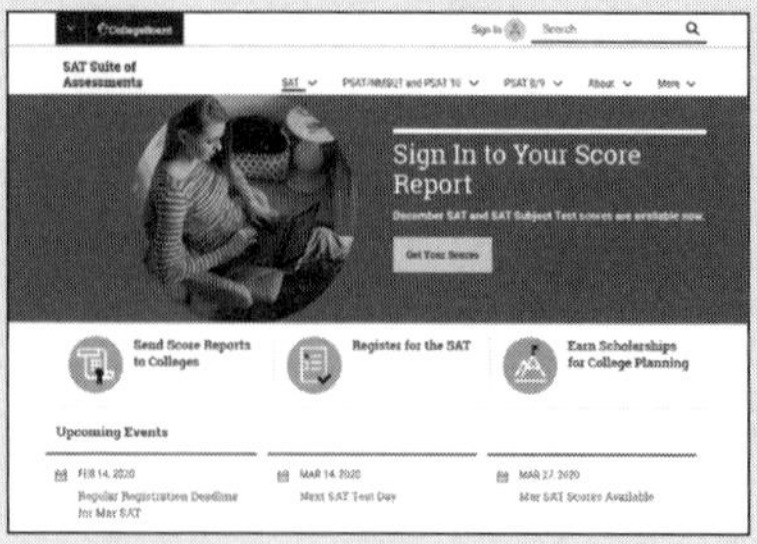

日本では年間に 30 回ほどテストの日程が組まれていて、コンピュータを使用して受験します。140 カ国、1 万校を超える機関が受け付けています。

・IELTS の詳細
http://eiken.or.jp/ielts/

■共通テスト

アメリカの大学進学のためには SAT もしくは ACT と呼ばれる共通テスト(後述)が必要、その他の国の大学の進学のためには国際バカロレア資格:IB(同)が望ましいと言われてきましたが、最近ではアメリカの大学も IB を採用するようになりつつあります。日本の大学に進学の場合は、大学によって受験方法が様々異なりますので、注意が必要です。

進学の選択肢は概ね 4 つに分かれます。

1) 日本または海外の高校から、SAT または ACT のスコアを提出してアメリカの大学に進学する
2) 日本または海外の高校から、TOEFL または IELTS を受けて海外の大学に進学する
3) 日本または海外の高校から、IB 資格を得て海外や日本の大学に進学する
4) 日本または海外の高校から、帰国生枠を利用して日本の大学に進学する

海外留学の場合、多くの学校は英語が母語ではない志願者に TOEFL(Test of English as a Foreign Language:後述)のスコアも要求します。

SAT (Scholastic Assessment Test)
ACT (American College Testing)

巻末資料② 共通テスト

■ 英語を母語としない生徒が受ける英語力を測るテスト

英語を母語としない生徒が英語圏の高校・大学に進学を希望する際、TOEFL や IELTS のスコアを提出させられます。

◉ TOEFL (Test of English as a Foreign Language)

TOEFL は、アメリカのテスト機関である ETS（Educational Testing Service）が実施しています。インターネットを介して受験する TOEFL iBT® テストとインターネットによるテストが実施できない地域でのみ実施されるペーパー版があります。テストは「読む・聴く・書く・話す」の4つの項目に分かれていて、受験者は1回の受験で4つすべてをこなします。日本では年間に 30 回ほどテストの日程が組まれていて、コンピュータを使用して受験します。150 カ国以上、1 万校を超える大学その他の機関が受け付けています。

・TOEFL の詳細
http://ets.org/jp/toefl

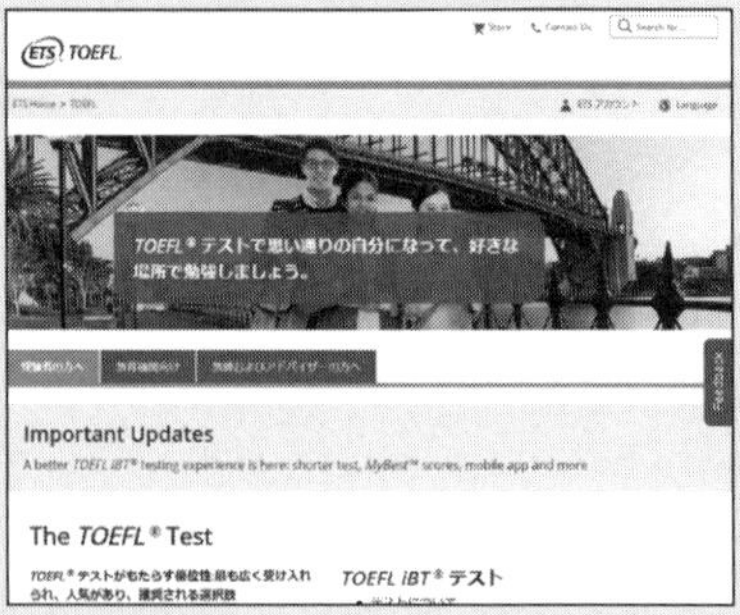

◉ IELTS (International English Language Testing System)

IELTS は、ブリティッシュ・カウンシル、IDP：IELTS オーストラリア、ケンブリッジ大学英語検定機構が共同保有・運営するテストで、日本では、公益財団法人日本英語検定協会が運営しています。IELTS は TOEFL とは異なり、コンピュータを介せずに、ライティング、リーディング、リスニングの順に行われる筆記試験です。そして筆記テストのあと6日以内で、スピーキングのテストが面接官との対面式で行われます。

巻末資料①　多様化する留学先

■ アメリカ一強の時代から多様化する留学先

　昨今、日本人の留学先選びは「アメリカ一強」と信じ込まれていましたが、近年のオーストラリア人気の上昇ぶりは明らかで、多様化も急速に進んでいます。この傾向がどのように展開するか、興味深いところです。

■調査結果数値サマリー

（一般社団法人海外留学協議会 [JAOS] 加盟 42 社の 2018 年度留学者数の内訳）

留学国	語学留学 ＊3カ月未満	語学留学 ＊3カ月以上	専門学校・各種学校等	大学学部課程 ＊学位目的以外（休学留学等）	大学学部課程 ＊学位取得目的	大学院課程 ＊学位目的以外（休学留学・研究目的等）	大学院課程 ＊学位取得目的	中学・高校留学&私費（語学研修のみは含まない）	その他（ボランティア・インターンシップ・語学なしワーキングホリデー）	合計
アメリカ	8,121	1,905	311	460	739	9	146	4,810	1,141	17,642
オーストラリア	9,159	1,642	100	182	134	13	101	3,681	1,414	16,426
カナダ	8,026	2,626	60	132	67	1	2	2,379	432	13,725
フィリピン	6,950	809	2	1	0	0	0	7	463	8,232
イギリス	4,027	744	17	134	13	7	36	1,467	35	6,480
ニュージーランド	1,965	563	20	44	19	13	7	2,593	577	5,801
韓国	1,329	680	0	12	0	0	0	0	54	2,075
中国	1,011	655	0	0	0	0	1	10	25	1,702
フランス	357	173	802	14	0	5	10	18	33	1,412
台湾	515	392	0	24	11	0	0	1	306	1,249
マルタ	1,003	135	0	0	0	0	0	27	1	1,166
シンガポール	707	7	0	0	0	0	12	83	352	1,161
アイルランド	605	168	0	1	1	0	0	5	3	783
マレーシア	232	7	0	8	88	7	1	16	200	559
ドイツ	204	41	154	6	1	0	0	3	48	457
フィジー	18	0	0	0	0	0	0	10	0	28
その他	689	37	6	4	5	0	22	52	853	1,668
Total	44,918	10,584	1472	1022	1078	55	338	15,162	5,937	80,566

＊本調査では、JAOS 加盟留学業者 42 社の 2018 年の留学生数を第三者機関に委託し調査を実施。JAOS 非加盟の留学業社の数値は含まれない。

あとがき

留学の醍醐味は、説明しようにもしきれないものです。膨大な宿題に泣かされる、思い通りに行動し損なう、言い間違えをして恥をかく、と毎日苦労の連続なのに、ふとした瞬間まばゆいばかりの喜びがこみ上がって、それが嬉しくてたまらなくて、それを達成した自分がやたらと誇らしくて、「ひたすらずっとアウェイ感」のつらさは何処かへ吹っ飛んでしまう、という摩訶不思議な現象は、経験者にしかわからなそうです。

そのような喜びを少しでも多くの若い世代と分かち合いたいとの願いから、私が知っていることや調べたことを、あれこれご紹介いたしました。

たとえ言葉の壁が大きく立ちはだかっていても、本人の気力次第で展開はいくらも可能です。子どもさんの「外の世界を見たい」「国際人を目指したい」との意欲と、親御さんの「「外の世界を見せたい」「国際人に育てたい」の希望が合致するのであれば、留学という選択肢を真剣に検討なさってはいかがでしょうか。

最後になりましたが、執筆期間中とりとめなく質問し続ける私に対し、快く手を差し伸べてくださった取材協力者の皆様に、厚く御礼申し上げます。自社の経験やデータを惜しみなく提供してくださった、株式会社ＩＣＣコンサルタンツの須山明恵様と、株式会社トゥモローの天野智之様には、より多くの手間をおねだりしてしまいました。感謝いたしますとともに、おふたりの留学に対する熱い思いに、深い敬意を表します。

サンフランシスコ講和条約締結の際にウェイター役をつとめた、ホストファミリー毎秋恒例の鹿狩りの手伝いをした、９１１テロで喪失感に沈み込むアメリカ社会を体感した、などなど、元留学生の方々からは、興味深いお話をたくさん頂戴しました。これらのエピソードは、いつか別の場で発表いたしたいと考えております。

この拙著が多少なりとも皆様のお役に立てることを、心より希望いたします。

二〇二〇年一月吉日

平田 久子

平田久子（ひらた　ひさこ）

東京生まれ。義務教育を日本で、高校・大学教育をアメリカで受ける。帰国後はアフリカにて、難民対象のボランティア活動に従事。日本での専業主婦の日々を経て、近年は日本人の英語学習についての著述や講演を行なっている。著書に『改訂新版 子どもをインターナショナルスクールに入れたいと思ったときに読む本』（2019 年 コスモピア株式会社）

留学を考え始めた親と子が読む本

2020 年 2 月 5 日　第 1 版第 1 刷発行

著者：平田久子

表紙イラスト：すぎうらゆう

本文イラスト：すぎうらゆう、あべゆきこ、iStockphoto

本文写真：iStockphoto

ⒸSolstock/iStockphoto、FatCamera/iStockphoto、monkeybusinessimages/iStockpho
janniswerner、kumikomini/iStockphoto、miodragignjatovic/iStockphoto

校閲：　熊沢敏之

取材協力者（五十音順・敬称略）：
以下の方々のご厚意に深く御礼申し上げます。

ICC 国際交流委員会　天野智之　遠藤琢磨　岡本茂紀　株式会社トゥモロー　川端宏美　Wendy 小林　JAOS（一般社団法人海外留学協議会）　Shumway 千賀子　Marybeth Stock　須山明恵　富田蓉佳　中部雷次郎　二村みか　朴加代子　朴起煥　平田真一　von Rentzell 賢　福田英梨子　福田圭子　星野達彦　Sarina Mackey　Mackey 理佐　宮崎稔子　山口真由美

発行人：坂本由子

発行所：コスモピア株式会社

〒151-0053　東京都渋谷区代々木 4-36-4　MCビル2F

営業部：TEL: 03-5302-8378　　email: mas@cosmopier.com

編集部：TEL: 03-5302-8379　　email: editorial@cosmopier.com

https://www.cosmopier.com/

https://e-st.cosmopier.com/

https://www.e-ehonclub.com/

印刷：シナノ印刷株式会社

本書のご意見・ご感想をお聞かせください！

本書をお買い上げいただき誠にありがとうございます。
今後の出版の参考にさせていただきたいので、ぜひ、ご意見・ご感想をお聞かせください（PC またはスマートフォンで下記のアンケートフォームよりお願いいたします）。

アンケートにご協力いただいた方のなかから抽選で毎月 10 名の方に、コスモピア・オンラインショップ（https://www.cosmopier.net/shop/）でお使いいただける 500 円分のクーポンを差し上げます。
（当選メールをもって発表にかえさせていただきます）

アンケートフォーム
https://forms.gle/s6iQ3K3zMHfvehiR7